HOMMELHONING

TORGNY LINDGREN

Bathseba, roman
De schoonheid van Merab, verhalen
De weg van de slang, roman
Het licht, roman

DE BEZIGE BIJ

Torgny Lindgren
Hommelhoning

ROMAN

VERTALING RITA VERSCHUUR

1997
UITGEVERIJ DE BEZIGE BIJ
AMSTERDAM

Copyright © 1995 Torgny Lindgren
Nederlandse vertaling copyright © 1997 Rita Verschuur
Oorspronkelijke titel *Hummelhonung*
Uitgave Norstedts Förlag AB, Stockholm
Omslag Studio Freek Thielsch
Images Provided by © 1997 Photodisc, Inc.
Druk Groenevelt, Landgraaf
ISBN 90 234 3662 8 CIP
NUGI 301

Na de lezing zou ze in een pensionnetje overnachten, de volgende dag zou ze doorreizen. In de grote tas met de schouderband had ze haar kleren, in de aktetas zaten alle losse spullen: de boeken, de schriften, de pennen.

Toen de toehoorders hun plaatsen hadden ingenomen in het parochiehuis, alle vijftien toehoorders, werd er een oude blinde vrouw naar binnen gerold tot op het lege stuk vloer vlak voor de katheder. Haar ogen waren open en bedekt met een grauw vlies, er was geen pupil en geen iris. Tot haar, de blinde vrouw, richtte ze het woord, tot haar totaal verweerde gezichtje.

Het meisje dat de rolstoel naar binnen had gerold ging ook zitten, ze las in een stripblad dat ze liet rusten tegen de schouder van de blinde vrouw.

Over heilige gekken en dwazen.

Sommigen onder hen worden heiligen genoemd, zei ze, maar ze hebben geen gemeenschappelijke kenmerken, de benaming krijgen ze door toevallige omstandigheden, als er iets is dat hen kenmerkt dan is het een hartstochtelijke of gekwelde aandacht voor het bestaan, een bijna ziekelijke verscherping van gehoor en waakzaamheid maar tegelijk een zorgeloze afwezigheid in het dagelijks leven.

Een aantal van hen schijnt de medemens liefgehad te hebben, anderen niet.

Ze zaten er in hun overjassen, de toehoorders. Ze roken naar wol. Ze hadden het artikeltje over haar lezing in de krant zien staan. Misschien hadden ze ook de gestencilde affiche buiten op het aanplakbord of in de supermarkt wel gezien. Als ik er niet heen ga, hadden ze gedacht, dan komt er niemand.

Ze zaten volkomen stil, alleen het meisje achter de rolstoel maakte af en toe een beweging, ze sloeg bladzijden om van het stripblad.

De heilige Ethelreda doorstond onberoerd twee huwelijken, verstrooidheid weerhield haar van de definitieve vereniging, een ingedikte, bijna krampachtige distractie hield haar maagdelijkheid in stand. Toen de heilige Methodius terechtgesteld werd scheen dit nauwelijks tot hem door te dringen, het afgehakte hoofd bleef preken tot de aanwezige heidenen. Over de opstanding van het lichaam en de vrijheid van de wil.

Enzovoort.

Eens had ze een boek geschreven over de geweldenaar Johan Axel Samuelsson, de moordenaar van het predikantenpaar Moberg in Tillberga. Hij had in navolging van Christus willen leven maar het niet waar kunnen maken. Die winter was ze van de ene plaats naar de andere getrokken met een lezing over misdadigers en hun lot, de lezingen waren bekostigd door culturele instanties en vormingscentra en nutsverenigingen.

Ze kende haar lezing blijkbaar vanbuiten, terwijl ze sprak speelde haar ene hand onafgebroken met de knopen van haar grove groen-wit gestreepte vest, af en toe duwde ze haar duim tegen haar rechteroog, waarschijnlijk om er een soort nerveuze trillingen mee te onderdrukken.

Dicht bij de deur zat een man te slapen, zijn hoofd was op zijn borst gezakt, de zevenarmige plafondlamp met de prisma's werd gespiegeld in zijn kale glimmende schedel. Het leek wel of hij niet ademde, af en toe zuchtte hij, uit eerbied of uit ademnood.

Meestal sprak ze vijftig minuten, maar het werden er vijfenveertig als ze om de een of andere onbegrijpelijke reden de geest kreeg.

Al in dit bestaan is de heilige mens, of de zo genoemde heilige mens, doordrongen van het inzicht dat hij eerder iets vreemds en naamloos weergeeft of vertegenwoordigt dan dat hij leeft in de normale zin van het woord, dat zijn wereld er een van ideeën is, dat hij als een hond zijn heer nabootst. Nee, nabootst is niet het juiste woord: zijn eigen leven behelst een onbekende factor, hij is figuurlijk verwant aan iets of iemand die hij niet kent maar wil leren kennen. En zelfs in verdroogde staat behoudt hij een druppel van dit vreemde leven, met afgevallen nagels en verschrompelde tepels is hij nog steeds een mixtuur van begeerte en herinnering.

Ze bleven luisteren, ook toen ze uitgesproken was. Waarom zouden ze haar begrijpen? Zonder een vraag te stellen, zonder haar een blik van dankbaarheid of medelijden te geven stonden ze één voor één op en liepen weg, het meisje met het stripblad rolde de blinde vrouw naar buiten.

Alleen de man die had geslapen bleef achter, nu was hij ontwaakt.

Je komt bij mij thuis slapen, zei hij.

Dit scheen haar niet te verbazen. Goedkope overnachtingen, daar konden de organisatoren geld mee besparen. Ze pakte haar jas en haar tassen en liep naar hem toe.

Ze keken elkaar aan.

Hij had een vlekkerig zwart leren jasje aan over zijn geruite overhemd en wollen trui, zijn gezicht was bedekt met te veel huid, hij was vrij groot geweest maar onbekende krachten hadden alles wat groot aan hem was vanbinnenuit weggevreten. Hij rook naar verrotting.

Zij was een alleenstaande vrouw in haar vijfenveertigste jaar, een vreemde uit het Zuiden, die boeken had geschreven over de liefde en de dood en de heiligen, boeken die bijna niemand de moeite waard vond om te lezen, een spreekster met een stem zo droevig en snerpend en eentonig dat geen mens erdoor van wat dan ook overtuigd kon worden. Haar gestalte was mager, spits en definitief.

Ga jij maar aan het stuur, zei hij en gaf haar zijn autosleuteltje, het zat vastgebonden aan een vormeloos stukje hout, zwart van vet en roet. Toen hij opstond wankelde hij even, hij zakte door zijn knieën en schommelde bij het lopen alsof hij een enorme last op zijn schouders torste. Zijn kleren hingen slap en slobberig om zijn magere lichaam, het leek of hij ze van iemand had geleend, van een reus.

Hij vertrouwde haar zijn naam toe, Hadar. En zij noemde de hare, ook al kende hij die redelijkerwijs al.

De auto stond voor de deur.

Het is niet bepaald ver, zei hij. Zo'n twintig kilometer.

Heb je het rijbewijs? zei hij ook.

Ja, zei ze, mijn rijbewijs heb ik.

Ze reed ongeïnteresseerd, bijna onverschillig. Zijn auto was oud en zat vol deuken en rafelige roestranden. Hij hoefde haar de weg niet te wijzen, er was maar één weg.

Het was al donker, maar boven de boomtoppen in het westen had de hemel nog een gele gloed. Het was twintig oktober, langs de weg lagen sneeuwvlekken.

Alle landschappen en alle wegen die erdoorheen kronkelen hebben hun hoogstpersoonlijke eigenschappen, zei ze, en het klonk alsof ze tegen zichzelf sprak. Ze hebben hun gebrekkigheden en defecten.

Dit is een smalle en rechte weg door een landschap vol kreupelhout.

Nu zal ik nooit meer autorijden, zei hij. Nu heb ik voor het laatst autogereden.

Helemaal zo zei hij het niet. Zijn taal was een noordelijk dialect met grotesk verlengde vocalen en donkere, zwaarmoedige tweeklanken; wat zij hoorde was een vertaling zoals bezoekers van een vreemd land die altijd door het gesprokene heen trachten te horen.

Ik heb in de krant over je gelezen, zei hij. Je zou denken dat God je gestuurd had. Wij hebben hier in deze streek nog nooit zo iemand gehad. God bestaat niet. Barmhartigheid ook niet. Maar toch.

Ze draaide de zijruit op een kiertje, zijn geur drong haar neus en bijholtes binnen en bleef hangen in de poriën van haar gezicht en handen.

Hoe zou God mij kunnen sturen als hij niet bestaat? zei ze. En waarom zou hij mij sturen?

Hij weet van je. Hij heeft over je horen spreken. Vanwege al die heilige mensen met wie je rondreist en over wie je lezingen houdt. Hij leest de krant hier, *Norra Västerbotten.*

Af en toe tilde hij zijn hand op en wees naar de lichtbundels voor de voorruit, het leek wel of hij wilde zeggen: Daar is de weg, daar moet je rijden!

Het ging eigenlijk vanzelf, zei ze. Ik schreef een boek over heilige gekken en dwazen. Ik bedoelde er niets bijzonders mee. Boeken kan je overal wel over schrijven.

En met die lezingen houd ik op, voegde ze eraan toe, dit was de laatste. Morgen reis ik verder, morgenvroeg, het maakt niet uit waarheen.

Toen hij zich naar haar toe draaide en zijn adem over haar uitblies ging er een schok van vreemde ontzetting

9

door haar heen. Het was bijna onvoorstelbaar dat een mens zo'n geur kon verspreiden.

De weg klom langzaam omhoog, het landschap werd witter. Vroeger geloofde ik nog wel het een en ander, zei hij. Maar op het laatst zie je niet meer dan de vingers die je voor je neus omhoogsteekt. Alles lost op en valt uit elkaar. Ik heb de kanker en ik ga dood.

Maar, voegde hij eraan toe, ik maak geen haast. Je moet niet overhaastig handelen.

Ze deed geen poging te ontkennen dat hij stervende was, daar was geen twijfel over mogelijk, hij had allang dood moeten zijn. Ze kwamen geen auto's tegen, nergens waren huizen met verlichte ramen.

Waarschijnlijk had hij een huishoudster of een vrouw die op hem zat te wachten, ze had voor de spreekster in de grote kamer de slaapbank uitgetrokken en de kapokmatras vol kuilen en bobbels opgemaakt. En de tafel gedekt met het oude droge roggebrood en de boter en de kaas.

Hij boog zich voorover en draaide zijn gezicht naar haar toe en tilde de oorkleppen van zijn geruite pet op, hij zag eruit alsof hij op een antwoord wachtte, misschien wilde hij dat ze iets zou zeggen over het feit dat hij stervende was.

Is het nog ver? vroeg ze. Zijn we er al bijna.

We reden net langs de veenderij van Frans Lindgren. Dus daar zijn we.

Hij bleef naar haar kijken, hij trok zich er niets van aan dat het zo goed als donker was in de auto, het leek wel of hij wilde dat ze iets tegen hem zou zeggen. Ze ging wat langzamer rijden en vertelde hem hoe zij dacht over gesprekken, gesprekken in het algemeen.

Tot het voeren van gesprekken had ze zich nooit aangetrokken gevoeld. Tijdens een gesprek wordt de gedachte onophoudelijk aangezet tot onberekenbare zijsprongen en schijnbewegingen, hij wordt verdraaid en vervormd om te behagen of ergernis op te wekken, hij wordt beschamend onbetrouwbaar. De eenzame gedachte daarentegen is soeverein, die blijft in het lichaam en gaat niets uit de weg. Zelfs als je je te weer stelt tegen je eigen gedachten blijf je heel. Zij wilde niet gestoord worden in haar gedachten. Maar eigenlijk had ze ook niet zo'n behoefte aan denken. Gedachten knagen.

En als ze iets te zeggen had, ging ze verder, dan maakte ze daar meestal een aantekening van of ze schreef het in haar boeken of ze verwerkte het in haar lezingen.

Zo nu en dan haperde de motor. Maar ze scheen het niet te merken. En hij was er wel aan gewend.

Ik moet pissen, zei hij.

Toen remde ze en stopte aan de kant van de weg. Hij opende het portier en draaide zich naar buiten en zette zijn voeten tegen de sneeuwwal, daarna waterde hij half zittend. Dat ze besloot toen iets te zeggen kwam vermoedelijk doordat ze het gekletter van urine tegen het metaal van de auto niet wilde horen.

De heilige mensen zijn gegarandeerd dood, zei ze, daarom heb ik over hen geschreven, ze kunnen niet meer liegen, er zijn nog maar een paar stukken bot van hen over. Als je over hen schrijft kun je afstand doen van bijna al je kennis. Het zijn gewone middelmatige mensen, maar wel middelmatig op een geniale manier.

En over de dood zei ze: Mijn ouders zijn bij een vliegramp omgekomen, ik was acht. Daarna heb ik niemand meer verloren. Mijn voorstelling van de dood is dat je neerstort. Als we sterven zijn we meteen altijd dood geweest. Of iets in die richting.

Toen hij uitgepist was reed ze verder.

Op de top van een heuvel, waar een platte boerenkar aan de slootkant overeind stond als markering, moest ze rechtsaf, een weg in waar de sneeuw niet geruimd was, alleen wielsporen gaven aan dat er een weg was.

Morgen, maakte ze hem duidelijk, morgen zou ze een

bus naar het zuiden nemen, naar een van de stadjes aan de kust, ze zou een kamer huren op de bovenverdieping van een geel houten huis, ze had niets tegen een knorrige bijziende weduwe die thee voor haar zette en scones voor haar bakte. Daar, aan een zwaar eiken bureau uit de jaren veertig, zou ze het boek over de heilige Christoffel schrijven. Daarna moest het maar afgelopen zijn met de heilige mensen, voorgoed afgelopen met de wonderen en de bovennatuurlijke barmhartigheid en de hemelse visioenen.

Nu sprak hij weer tegen haar. En ze vertaalde, zachtjes mompelend in zichzelf: Dit is het mooiste landschap op aarde, hier zou de dood niemand weg moeten halen. Als je in dit deel van het land zomaar ergens je hand uitsteekt dan wijs je altijd, of je dat wilt of niet, naar een wonder van de natuur, een bezienswaardigheid of een mirakel dat je verstand ver te boven gaat. Zelf heb ik nooit een andere streek gezien, dat hoefde niet.

Het is een landschap voor liefhebbers van de sneeuw en de rijp en het ijs, maar ook voor de bewonderaar van vioolsparren, van dwergberken, steenhopen, moerassen en ijskoude bronnen. En hermelijnen, maar die vertonen zich alleen aan de mens als hij op het punt staat te sterven.

Hier ben ik verwekt onder een stapel ruiterpalen en stokken, vader heeft me de plek laten zien. Vijftien-voets ruiterpalen! En elf-voets stokken, stel je dat eens voor! Daar zou je over moeten schrijven!

Als de wetten er niet waren, de wetten komen uit het Zuiden en deugen niet, dan was het mijn laatste wil hier aan de rand van een moeras te worden begraven onder een wolfsspar met een eksternest in de top.

De weg bleef stijgen, ze reed in de tweede versnelling. Hij snoot zijn neus in zijn handpalm en veegde die omslachtig af aan zijn broek.

En eindelijk kwamen er een paar verlichte ramen in zicht. Nu! zei hij, nu zijn we er! Zo gauw al!

Hij deed de buitendeur open en liet haar het huis binnen, hij snakte naar adem terwijl hij de drie traptreden opliep, hij steunde toen hij de sleutel omdraaide en er kwam dof gerochel uit zijn longen toen hij zei: Nu zal ik je een echt huis laten zien, een huis waar de mens in kan leven!

Hij gunde zich geen tijd om te gaan zitten, hij leidde haar meteen rond en liet de keuken zien en de tussenkamer en de grote kamer. De rechte stoelen, de kaptafel, de klaptafel, de slaapbank, de geborduurde wandkleden, de kolomtafel. En de citer.

Moeder, zei hij, die speelde erop. Aan de oever van de Roine.

In de keuken, bij het fornuis, waren drie grove takken stevig aan de muur bevestigd. Het leken afgehakte stukken van grote zware bogen.

Wat is dat? zei ze.

Dat is een apparaat, zei hij. Een bijzonder apparaat.

En hij ging haar voor de trap op naar de zolderkamer, halverwege bleef hij staan om uit te rusten, hij steunde met zijn handen op zijn knieën.

Deze kamer is voor jou, zei hij.

Het maakt niet uit, zei ze. Voor die ene nacht.

Het was een kleine kamer onder een dak met gebroken kap, hij had maar een raam. Over het bed lag een witte gehaakte sprei, voor het raam stonden een vierkant tafeltje en een zware leunstoel.

Daar, zei hij, daar kan je zitten schrijven. Over de man die je noemde, hoe heette hij ook alweer.

Christoffel, zei ze. De heilige Christoffel.

En ze zei ook nog: Maar ik schrijf alleen 's morgens. En morgenochtend vertrek ik.

Ik heb deze kamer voor vader gemaakt, zei hij, zodat de oude man ergens kon sterven.

Het is een mooi kamertje, zei ze.

Hij vond in elk geval dat het hier goed sterven was, zei Hadar.

Ze aten in de keuken, hard brood en gekookt zout spek, hij liet haar de pijnstillende tabletten zien en het slaapmiddel dat hij in de boter onder het spek drukte. En ze vroeg of hij alleen leefde, of niemand hem hielp, of er niet af en toe iemand kwam.

Maar hij gaf geen antwoord, in plaats daarvan zei hij: Eigenlijk verdraag ik het spek niet meer. Maar wat moet de mens beginnen? Wat is de mens zonder het spek? Een leven zonder spek, dat is geen menswaardig leven. Het is het spek dat ons overeind houdt. Behalve het spek is er niets dat zeker is in de wereld.

Zij had niets te zeggen over het spek. Eten, zei ze, was nooit echt belangrijk voor haar geweest.

Maar dit smaakt goed, zei ze.

Nou en of! zei hij. Het spek!

Terwijl hij sprak haalde hij het kauwsel uit zijn mond en hield het in zijn hand, daarna stopte hij het terug. En wat later, terwijl hij nog steeds aan het kauwen was, begon hij de knopen van zijn overhemd los te maken en zich uit te kleden voor de nacht.

Voordat ze op de zolderkamer in bed stapte zette ze het raam een tijdje open om zijn lucht te verdrijven. En ze legde haar boeken en het schrift op tafel. Je kon zien dat dit een gewoonte was, dat ze dit altijd deed, waar ze de nacht ook doorbracht. Het schrift was haar thuis, in gedachten schreef ze waarschijnlijk doorlopend.

Zijn werkelijke naam was niet Christoffel maar Offerus of mogelijk Reprobus, hij was van Kanaänitische herkomst en twaalf el lang. Het doel van zijn bestaan, de bestemming die hij zelf gekozen had of die de natuur met onwrikbare strengheid in zijn wezen had geplant, was te dienen, en daarmee werd vooral uitverkorenheid en inwijding bedoeld, geen onderworpenheid, het was een dienen zo groots en uniek dat hij nooit meer naar de zin van het leven zou hoeven of willen vragen, het was een dienen dat het definitieve offer en volledige overgave en absolute bevrediging in zich verenigde. Zijn schouders waren bedekt met acht samengevoegde geitenvellen, om zijn lendenen droeg hij een ezelhuid, een baard hing tot op zijn borst. Zijn schedel was kaal, maar twee donkere krullende zijlokken vielen over zijn oren. Hij had de gewoonte voor zich uit te spugen en daarbij te zeggen: De duivel hale je, de duivel hale je! Op sommige afbeeldingen draagt Christoffel een knoestige stok, op andere houdt hij lege, stijf gebalde vuisten tegen zijn borst gedrukt. Zijn voorhoofd en wangen zijn bedekt met zweetdruppels.

Voordat ze ging slapen krabbelde ze ook nog een brief aan haar uitgever, ze had hem de honoraria voor haar lezingen toe laten sturen, ze verging van de kou in deze godvergeten uithoek van het land, ze was tevreden, ja, ze had het naar de zin, tegen het voorjaar zou ze een manuscript inleveren. Christoffel, de heilige drager. Ik post deze brief morgen als ik in het dorp kom, schreef ze.

Toen ze de keuken weer binnenliep, ze was gewekt door de onnatuurlijke stilte, was hij al aangekleed, hij lag op de bank, zijn handen gevouwen op zijn verschrompelende buik.

Het had gesneeuwd. Ze zag het landschap voor het eerst door het raam: de lange open helling, het naaldbos, een gladde vlakte die misschien een meer was, de bergkammen. Het was een landschap waar het ochtendlicht alle plaats kon krijgen die het nodig had. En dikke sneeuw bedekte heel die grenzeloze en gestolde verlatenheid.

Hoe moet ik hier nu wegkomen? zei ze.

De ochtenden zijn het ergst, zei hij. Voordat de tabletten hun werk hebben gedaan. Dan kan een mens hier in Övreberg zich weleens zorgen maken.

Ze vroeg niet wat voor zorgen dat dan wel konden zijn, ze herhaalde: Hoe moet ik nu wegkomen?

Je komt niet weg, zei hij. Hier wordt de eerstkomende dagen geen sneeuw geruimd. Het is maar dat je het weet.

Nu ontdekte ze wat lager op de helling een huis. Eigenlijk zag ze het huis niet, alleen de rook uit de schoorsteen.

Je hebt buren, zei ze. Je bent niet helemaal alleen in Övreberg.

Buren zijn het niet, zei hij. Nee, geen buren.

Maar ik zie een huis, zei ze. Er komt rook uit de schoorsteen.

Ja, zei hij. De rook die is er. Daar kan je aan zien dat hij leeft.

Wie? zei ze. Wie is het die leeft?

Die broer van me. Olof. Als die er niet was, dan was ik er allang niet meer.

Ze wierp een haastige blik op hem. Hoe zou hij eruitzien als hij onverwacht een paar woorden zei waarin zowaar iets van warmte te bespeuren viel?

En hij ging door: Ik ga die ellendeling niet het plezier doen eerder te sterven dan hij. Dat is het wat me in leven houdt, dat overwicht gun ik hem nooit.

Ja, er kwam werkelijk flink wat rook uit de schoorsteen daarbeneden, het zwart stak weerbarstig af tegen het verblindende wit van de sneeuw.

Ik heb de kanker en hij heeft het aan zijn hart. En de kanker schijnt erger te zijn, maar het hart is als een spons, dat zakt zomaar pardoes in elkaar. Dus hij moet niet denken dat er iets vanzelf spreekt. Die ellendeling.

Zoiets als dit alles effenende sneeuwdek, als deze grenzeloze bulster, zei ze ook nog tegen hem, zoiets had ze nog nooit eerder gezien, zoveel schuim van gematerialiseerd licht. Misschien zou ze een paar regels schrijven over het landschap van de legende, het landschap waarin bijna alle heiligen geleefd hebben, waar Christoffel rondzwierf met zijn staf, een landschap dat beroofd is van zo goed als alle eigenschappen.

Wanneer denk je dat de sneeuw op de wegen geruimd wordt? zei ze.

Dat kan je nooit weten, zei hij. Iemand gaat sneeuw ruimen als iemand daar tijd voor krijgt. En niemand kan toch beweren dat het bepaald dringend is.

Ze ontbeten. Het ontbijt zag er net zo uit als het avondeten. Ik eet tegenwoordig zo weinig en zo langzaam, zei hij. Alles is gekrompen bij mij, mijn borstkas, mijn schedel, mijn kaken, mijn strot.

Daarna ging hij weer op de bank liggen.

En zij liep naar buiten. Iemand moest toch proberen iets van die verschrikkelijke sneeuw weg te scheppen.

Toen glipte er bij haar voeten een kat naar binnen.

Dus een kat heb je wel, zei ze.

Die heb ik altijd al gehad, zei hij. Ze heet Minna. Ze slaapt meestal in mijn knieholte. Ze pist in de bontmuts buiten de deur. Ik maak haar nog weleens dood.

Er lag daar inderdaad een binnenstebuiten gekeerde bontmuts, er kwam een bitterzure urinestank uit. Het was een grote muts, hij had hem gedragen voordat zijn hoofd was gekrompen.

Er stond een sneeuwschop tegen de muur bij de buitendeur, hij had al geweten dat de sneeuw zou komen. Ze schepte het trappetje schoon, groef een cirkel open voor het huis en een smal pad naar de stallen. De sneeuw kwam tot over haar knieën.

In het landschap van de legende, zou ze 's avonds schrijven, daar is de berg De Berg, de rivier is De Rivier, het bos Het Bos en de zee De Zee. Het particuliere is altijd algemeen, de afzonderlijke landschapsformatie vertegenwoordigt het fenomeen op zich en lijkt daardoor de individualiteit te missen die alle verschijnselen in de natuur normaal vertonen. De wereld is geëffend, veranderd in bloedeloze abstractie, hij noodt tot onverschilligheid, om niet te zeggen tot afstandelijkheid. De personen in de legende besmetten de omgeving met wat ze vertegenwoordigen, ook het landschap wordt plaatsvervangend.

Toen ze weer binnenkwam zei hij: Ja, het was nodig dat je hier bij mij de sneeuw kwam ruimen.

Daarna zat ze bij het raam en bekeek de sneeuwhopen onder het huis en de bergen in de verte aan de horizon, en ze zag dat er geen verschil was tussen de sneeuwhopen en de bergen. Hij lag stil met gesloten ogen, misschien sliep hij. De klok aan de wand tikte, af en toe kwam er geschraap uit en sloeg hij het hele of het halve uur.

Maar hij sliep niet, plotseling zei hij: Rookt het bij Olof?

Ja. Het rookt.

De kat lag op zijn borst. Die zag er werkelijk stokoud uit, de achterpoten waren bijna kaal, de snorharen en de wangen en de oren waren verschoten en geelachtig van kleur.

Nu opende hij zijn ogen en tilde zijn hoofd een eindje op zodat hij haar kon zien.

Als je het eten eens klaar ging maken, zei hij.

Heb je honger? zei ze.

Nee, tegenwoordig kende hij het genot niet meer van echte honger. Maar jij hebt honger, zei hij.

Ja, zei ze. Ik heb misschien honger.

Daarna vroeg ze wat voor eten ze klaar zou maken.

Toen wees hij naar de buitendeur, ze hoefde alleen maar naar buiten te gaan, naar de stal, daar was alles wat ze eventueel nodig zou hebben, ja, hij kon het niet laten zachtjes en voorzichtig te lachen toen hij dat zei: Daar heb je het eten!

De lange schuur die vastgebouwd was aan de stal was gevuld met hout, gehakt en gekloofd berkenhout, tot aan het dak toe opgestapeld. En in de stal vond ze vergelijkbare stapels: zakken met meel en graankorrels, kisten met boter en suiker en macaroni, stapels hard brood en conservenblikjes en kazen en dozen met gedroogde vis en twee tonnetjes IJslandse haring. Aan het dak hingen gerookte borststukken en hammen en worsten. En een gedroogd schaap.

Ze pakte een blik hutspot. Het voedsel dat overleving garandeert, stond er op het etiket. In de bergen, in de bossen, op zee.

Het lijkt wel of je je op een oorlog hebt voorbereid, zei ze toen ze weer binnenkwam.

Die is er, de oorlog, zei hij.

Naar alle waarschijnlijkheid was ze aan zijn stank gewend geraakt, ze at met groot gemak. Hij perste zijn eten langzaam en met moeite door zijn gekrompen strot omlaag.

Even hield hij een pauze tijdens het kauwen en zei: Maar de tanden en kiezen, die mogen er nog zijn.

En hij lichtte zijn bovenlip op met zijn duim en liet ze aan haar zien, het waren afgesleten stompjes, maar ze zagen er krachtig uit en er ontbrak er niet een.

Het is toch zonde van die tanden en kiezen, zei hij, dat ik de kanker heb en doodga en ze niet kan achterlaten.

Ja, zei ze. Zo'n gebit zou nog heel wat jaren meekunnen.

Hij had nog meer te zeggen over het lichaam, het eten en de hutspot hadden hem toevallig maar in volle ernst aan het lichaam doen denken, ze zat tegenover hem en vertaalde en vatte samen: Het lichaam, dat was de natuurlijkste zaak in de wereld, het was er en het deed zijn werk zelfs als je er helemaal geen aandacht aan besteed-de. Het bestond uit een gelukkige vereniging van los en vast, van sappen en stolsels, van slijm en email, al met al leek het een handig, om niet te zeggen kunstig uitgedacht geheel van delen die, elk apart bekeken, lachwekkend en in een paar gevallen afstotelijk konden lijken. De som, het lichaam als apparaat en samenstel, verdiende zowel ach-ting als bewondering, je zou je zelfs kunnen voorstellen dat het voortdurend behoefte had aan juist achting en be-wondering: het had namelijk geen bloedverwanten, het stond geheel alleen op de wereld. Als soort had het na-tuurlijk verwanten, maar als individu, als apart lichaam, was het totaal alleen, uitgeleverd aan het lot en aan machten en krachten. De meest diepgaande en beslissen-de verbanden en verbindingen ging het dus uitsluitend aan met zichzelf, samenvoegingen en verbindingslijnen die de bezitter van het lichaam meestal alleen kon aflezen aan verwarrende gedragingen en in het ergste geval on-rustbarende ziekteverschijnselen. Ooit had hij een vrouw gehad, hij zou daar wat later en als ze het hem toestond uitvoeriger op ingaan, en in de liefdesroes was zijn li-chaam het haar gaan verliezen, het lichaam had de liefde zo uitgelegd dat alles eraf moest vallen, het uitvallende haar had om zo te zeggen een zinnebeeldige taak vervuld. Na die ervaring was hij zijn lichaam met een zeker wan-trouwen gaan bekijken. En hij voelde een sterke onrust, hij wilde het liefst al zijn lichaamsdelen tot de dood be-houden, hij wilde niet af en toe een tand verliezen of nu eens een vinger en dan weer een teen. Alleen heel en on-verkort kon de mens, dat wil zeggen het lichaam, zijn trots en evenwicht en waardigheid bewaren.

Als je na het eten het hout eens naar binnen zou halen, zei hij daarna.

Toen ze de afwas gedaan had haalde ze het hout, ze droeg het in de spanen mand die naast het fornuis in de keuken stond. Onderaan het trappetje voor de deur bleef ze even staan luisteren, een sneeuwploeg moest toch op grote afstand te horen zijn, als de sneeuwploeg kwam zou ze haar tassen pakken en naar de grote weg baggeren, de een of andere automobilist zou zich zeker over haar ontfermen. De sneeuwploeg zou als een afgezant van de beschaving komen, een verbindingsschakel met cultuur en maatschappij. Misschien zou er zelfs plaats voor haar zijn, voor haar en haar kleine tassen, in de cabine van de sneeuwploeg zelf.

Drie manden vol hout droeg ze naar binnen, ze bouwde een stapeltje naast het fornuis. Hij mocht het niet koud krijgen, hij moest zich kunnen redden tot iemand hem kwam helpen.

Maar ik heb de buikriem aangetrokken, zei hij, ik heb hem heel hard aangetrokken. In de stal heb ik alleen het allernoodzakelijkste.

Hij was blijkbaar teruggekomen op haar constatering dat hij de indruk wekte zich op een soort oorlog te hebben voorbereid. Hij stond voor het keukenraam, hij keek naar het huis van zijn broer.

Hij had alle losse draadjes naar binnen gehaald die uit zijn leven naar buiten hingen, al het onnodige had hij afgeschaft en weggehakt, alleen het elementaire en onontbeerlijke had hij behouden, hij durfde te beweren dat hem nu niets meer restte dan alleen het naakte bestaan. De kanker en hij, dat moest maar genoeg zijn.

Als je zo weinig leven overhebt, zei hij, dan moet je afzien van uitspattingen.

En hij somde op wat voor maatregelen hij genomen had: Hij had de telefoon laten afsluiten. Met wie zou hij in deze toestand, om maar niet te spreken van alle verschillende toestanden die hem wachtten, nog een gesprek kunnen voeren? Hij had het ziekenhuis en de gemeentelijke instanties laten weten dat er niemand naar hem toe mocht komen, zo'n opoffering zou volkomen zinloos zijn, hij had de krachten niet om mensen te ontvangen, beleefd te zijn tegen verpleegsters en hulpverpleegsters en allerlei soorten verzorgers, koffie voor ze te koken en koekjes te staan bakken. Hij had het televisieapparaat in het aardappelland begraven, hij had genoeg en meer dan dat aan zijn eigen verdriet en pijn.

En aan zijn familieleden in Sundsvall had hij een brief geschreven met afscheidsgroeten, ze hoefden de moeite niet meer te nemen hem de kerstkaarten te sturen.

Maar de krant had hij gehouden, na de sneeuwploeg zou die weer komen, in de krant had hij haar gevonden, op de laatste pagina.

En de dokter had hem zulke enorme hoeveelheden pijnstillende middelen voorgeschreven dat hij er wel vijf of zes keer van kon lijden en sterven.

Maar hij wilde ook nog gezegd hebben dat het op deze manier ingeperkte en gekrompen leven toch een schoonheid bezat, een zuivere en kale glans, waarvan een buitenstaander moeilijk deelgenoot gemaakt kon worden, het was de zeldzame schittering van het blootgelegde leven. Hierbij was een bijna ziekelijke aandacht voor het enige belangrijke, het overleven zelf, doorslaggevend. Nee, het overleven was natuurlijk een verkeerd woord: het avontuur van het afgebakende provisorische voortleven, van de tijdelijke levensverlenging. Want een avontuur was het, een oefening rijk aan strapatsen die zijn buitengewone intensiteit en scherpte en zuiverheid dankte aan het feit dat hij ook een mededinger had of liever gezegd een tegenstander: zijn broer, Olof, die hem met zijn rooksignalen onafgebroken liet weten dat zijn hart nog klopte. Eenvoudiger gezegd: dat hij nog leefde kwam doordat hij tegen zijn eigen ziekte was maar voor die van zijn broer, ja hij was een tegenstander van het leven van zijn broer maar een voorstander van het zijne.

Kom eens kijken! zei hij, is die rook niet verdomd dun, de rook die daar uit zijn schoorsteen komt?

Ja, zei ze. Of liever gezegd: ik zie geen rook.

Soms, zo ging hij verder, soms treitert hij me, hij laat het vuur in zijn fornuis bijna doven zodat ik begin te denken dat alles voorbij is. Maar daarna jaagt hij het weer op als een bezetene.

Hij heeft wel andere dingen te doen, zei ze. Hij kan niet de hele tijd het vuur in zijn fornuis op zitten poken.

Ik zou niet weten wat hij verder te doen kan hebben.

Hij moet voor zichzelf zorgen, zei ze. En voor zijn zieke hart.

Je moet gelijkmatig en voorzichtig stoken, zei Hadar, je moet het vuur voeden als een zuiglam.

En hij herhaalde het: De omstandigheden rondom een leven moeten aangepast worden aan het leven zelf, alleen grote levens kunnen omgeven worden door grootse omstandigheden. In een bescheiden en onaanzienlijk leven moet je kalm en bezadigd en fatsoenlijk stoken.

Kijk eens! zei ze wat later, nu wordt hij weer dikker, ik denk niet dat iemand zich een dichtere en zwartere rookpluim kan wensen!

Ik moet iets te doen hebben, zei ze.

Ga zitten schrijven, zei Hadar.

Als ik daarboven ga zitten schrijven, zei ze, dan kan de sneeuwploeg komen zonder dat ik het merk.

Hier is alles al gedaan, zei hij.

Ik kan de gekste dingen doen. Echt waar, de gekste dingen.

In een bergkast achter de keuken vond ze een zinken teil. Ze warmde water in vier pannen op het vuur, daarna schrobde ze de vloer. En ze zei tegen hem dat ze zijn kleren zou wassen. Als de sneeuwploeg kwam en zij vertrok, zou hij schoon zijn en min of meer verlost van zijn stank, het zou een weldaad zijn tegenover de volgende persoon die kwam, die zou moeten komen om voor hem te zorgen. Wat moet ik dan aantrekken? zei hij. Waar haal ik nieuwe kleren vandaan als jij deze gaat wassen?

Neem zolang maar wat, zei ze, het is toch alleen tot ze droog zijn.

Ik herinner me niet dat ik ooit andere kleren heb gehad, zei hij. En hij ging verder: De kleren waren niet zomaar iets tijdelijks, die mochten niet onachtzaam of eigenmachtig behandeld worden, ze hoorden bij de mens op een diep persoonlijke en fundamentele wijze. Zij moest goed weten dat hij dit rood-blauw geruite overhemd en deze wollen trui en deze zwarte broek altijd al gehad had, deze kledingstukken waren de enige die bij hem pasten, weliswaar hadden hele generaties overhemden, truien en broeken elkaar opgevolgd, maar eigenlijk waren ze steeds dezelfde gebleven. 's Zomers zag hij af van de wollen trui, dat moest hij toegeven, maar dat was vooral om van de muggen verlost te zijn, muggen en knijtjes worden door wol aangetrokken. Kleren moeten ook met mate gewassen worden, het water tast de stof aan en lost de draden op, knopen raken los en naden barsten. Bovendien is het risico groot dat ze een geur krijgen die vreemd is voor het lichaam, de waterlucht is koud en ongastvrij, na iedere ongetwijfeld overbodige wasbeurt wordt het lichaam gedwongen de kleren met de grootste moeite om zo te zeggen opnieuw te veroveren. Hij durfde zelfs te beweren dat het verval der zeden en de toenemende verwildering van de maatschappij voortvloeiden uit het overdreven en verwerpelijke wassen, je moest ook aan het water denken, als al het water op een dag was opgewassen, dan zou niets de woestijndroogte en de vuurstormen meer kunnen tegenhouden. Dat wilde hij alleen maar gezegd hebben.

Maar ten slotte overhandigde hij haar toch zijn kleren, ze wachtte en liet hem praten, het was ook geen schaamte die hem ervan weerhield, hij bekommerde zich er niet om of ze hem toevallig min of meer naakt zag, het waren de kleren zelf die hij niet wilde ontbloten en prijsgeven.

Ze waste en spoelde, waste en spoelde, vijf keer ververste ze het water in de zinken teil. Het laatste spoelwater was niet slijmerig maar alleen grauw, toen gaf ze het op. Degene die na haar zou komen om zich werkelijk over hem te ontfermen zou wat grondiger kunnen wassen en definitief.

Ze had de rood-blauw geruite en zwarte dweilen aan de schuif boven het fornuis gehangen, nu hing ze de kleren te drogen aan de merkwaardige grove takken die links van het fornuis aan de muur waren bevestigd.

Maar dat kon hij onder geen omstandigheden toestaan. Wat dacht ze wel, dit bijzondere apparaat mocht niet voor een dergelijk doel gebruikt worden, een huishoudelijk doel welteverstaan, daar was het werkelijk niet voor bestemd. Nee, ze kon toch ergens een touw spannen, waar ze maar wilde, tussen twee deurkrukken of tussen een paar van de kromme spijkers die hier en daar in de muren waren geslagen. Ze had het aan zichzelf te wijten, hij was echt niet verantwoordelijk voor die verdomde was, zij die uit het Zuiden kwam en alles beter wist zou er heus wel een oplossing voor vinden, maar hij wilde toch wel gezegd hebben dat hij zo in het begin van hun verhouding wat meer fijngevoeligheid en een wat bescheidener zorgzaamheid van haar verwacht had.

Misschien was er in dit hele verlaten landsdeel maar één sneeuwploeg. Zonder oponthoud reed die ene sneeuwploeg over de smalle rechte wegen, door de moerlanden en de naaldwouden, het was alweer aan het schemeren en het licht van de koplampen werd door de oneindigheid opgeslokt. Dag en nacht dreunde hij voort, zonder ooit te stoppen. Nooit zou dit landschap vrij zijn van sneeuw.

Hadar lag op de bank. Brandt het licht bij Olof? zei hij. Rookt het uit zijn schoorsteen?

Nee, zei ze, er is geen licht en geen rook.

Jij moet schrijven, zei hij. Jij moet boven in de kamer zitten schrijven. Jij moet de boeken schrijven.

Zo eenvoudig is dat niet, zei ze. Het is niet als eten of slapen.

Jij moet niet aan mij denken, zei hij. Ik red me wel, alles gaat goed met mij.

De kat die aan zijn voeten had gelegen stond weer bij de deur, ze liet hem buiten. Hij vriest daarbuiten nog eens dood, zei ze. Ze stak de plafondlamp aan.

Het is de bedoeling dat jij daarboven in de kamer zit en het naar je zin hebt, zei hij. Nu je hier toch je toevlucht hebt genomen. Je moet er zitten met de pen in de hand en je uitleveren aan de gedachten.

Dat is de bedoeling, herhaalde hij.

En daarna vroeg hij opnieuw naar de rook en het licht bij de buurman.

Nee, zei ze, het is helemaal donker en stil.

Toen tilde hij zijn hoofd op van het kussen, hij kwam zelfs half overeind door op beide ellebogen te steunen, hij moest even naar adem snakken voordat hij in staat was te zeggen: Er zal hem toch niet het een of ander zijn overkomen!

Misschien is hij ergens buiten, zei ze.

Hij is thuis, zei Hadar. Er is geen andere plek waar hij kan zijn, zelfs als hij dood is is hij thuis.

Is er iemand die zich om hem bekommert?

Wie zou zich om hem willen bekommeren? zei Hadar.

Om zo iemand! Nee, er kan toch geen fatsoenlijk mens zijn die met zo iemand om wil gaan.

Aan de buitenkant van het raam hing een thermometer aan twee roestige spijkers.

Het vriest bijna vijf graden, zei ze. Hij moet stoken. Hier in het Noorden zal de kou wel geen grens kennen.

En dat bevestigde hij: de kou kende geen grens. De vogels konden tot op het bot bevroren uit de bomen vallen, de meren vroren dicht tot aan de bodem, hoe diep ze ook waren, de adem kwam niet meer als damp tevoorschijn maar als ijspegels.

Maar voorlopig, zei hij, voorlopig zijn we nog niet verder dan de herfst.

Dus er zijn hier 's winters vogels? vroeg ze.

Ja, lieve tijd! onvoorstelbare hoeveelheden vogels, zowel zwermen als eenzame stumperds. Hij wilde ze best allemaal voor haar opnoemen: De mussen, de auerhoenders, de geelgors, het kwikstaartje, de goudvink, de sneeuwhoenders, de kramsvogels, de pestvogels, de korhoenders en de korhanen, de specht, de havik, de hazelhoenders. En de kraanvogels.

Dat kan niet, zei ze. Geen kraanvogels.

Ik kan niet alles weten, zei hij. Je verlangt het ongerijmde van me. Hoe zou ik alle vogels in de gaten kunnen houden!

Het vocht uit de pas gewassen kleren en van de geschrobde vloer legde een waas over de ruiten, ze veegde het weg met haar mouw. Hij was weer gaan liggen.

Nu moet hij de lamp hebben aangestoken, zei hij. Je moet de lamp aansteken zodat je in het donker niet tegen een stoel of een paar laarzen op loopt en tegen het fornuis valt en verbrandt.

Nee, het is donker achter de ramen, ik kan het huis nauwelijks meer zien.

Toen was hij een hele tijd stil, hij keek haar met wijd

opengesperde ogen aan en zei ten slotte: Er kan hem toch niets overkomen zijn. Stel dat hij daarbeneden dood ligt. Eindelijk. Die ellendeling. Maar als hij nou eens halfdood zou zijn. Je wilt toch niet dat hij pijn zal lijden. Dat stuk ongeluk. Niet meer dan noodzakelijk.

Als de sneeuwploeg maar komt, zei ze, dan kan hij hulp krijgen.

Ja ja, zei hij. Jij gelooft nog in de sneeuwploeg. Jij komt uit het Zuiden.

En als hij nu werkelijk dood is, zei ze, dan heeft hij geen vuur en geen licht meer nodig.

Iemand zou toch eigenlijk naar hem toe moeten gaan om te kijken hoe het er met hem voor staat, zei Hadar. Als er nou iemand was die dat op kon brengen. Als er nou iemand was die van zijn bestaan af wist. Als hij niet zo weerzinwekkend was. En anders moet hij daar maar blijven liggen.

Ik weet van niets, zei ze, ik ken hem niet.

Hadar zweeg even.

Daar dacht ik niet aan, zei hij even later. Maar dat is waar. Jij kent hem niet. Je hebt zelfs nog nooit iets over hem gehoord. Voor jou zou hij zomaar iemand kunnen zijn. Dat spreekt vanzelf.

Ze moest door de sneeuw heen waden en baggeren naar zijn huis, iemand had een pad geschept moeten hebben, onder de sneeuw was natuurlijk ergens een weg tussen de broers.

Ze klopte een paar maal op de deur, het bleef daarbinnen stil. Toen liep ze door de kleine vestibule de keuken in, en ze draaide de schakelaar om die rechts van de deur zat, net zoals in het huis van Hadar.

Het kwam niet alleen door de schakelaar en de kale

gloeilamp aan het plafond dat deze keuken het evenbeeld was van die van Hadar. De bank, de tafel en de stoelen, het fornuis, de versleten houten vloer, de staande klok, alles was van dezelfde soort en zag er hetzelfde uit. Alleen de grove takken aan de muur ontbraken hier, het bijzondere apparaat. En het moderne fornuis, dat wat hier stond was zwart en ouderwets.

Hij lag op de bank, de broer, Olof, die het aan zijn hart had. Hij hield zijn handen gevouwen op zijn enorme buik, de stof van zijn broek was op verscheidene plekken gebarsten zodat het witte vlees naar buiten puilde, van zijn wangen en hals hing een zware kwab omlaag tot op het kussen, een zak vol vet. Zijn ogen waren niet te zien in het opgezwollen gezicht, waarschijnlijk keek hij in haar richting.

Ja ja, zei hij. Ja ja, dat had ik al gedacht. Dat je zou komen. Ik heb hier op je liggen wachten.

En hij vroeg haar wie ze was.

Je zegt dat je op me gewacht hebt, zei ze. En daarna vraag je toch nog wie ik ben.

Ik had wel door dat hij iemand in huis gehaald had, die Hadar. Ik heb er al tijden op liggen wachten.

Hij maakt zich zorgen om je, zei ze. Hij vroeg me hierheen te gaan. Hij wil weten of je nog leeft.

Als hij zich zorgen om mij maakt, zei Olof, dan vergeef ik hem dat nooit. En hij ging verder: Hij is nooit mans genoeg geweest om zichzelf te redden, die Hadar. Hij heeft het er altijd goed van genomen. In alle opzichten.

Op een stoel naast de bank had hij een schaal met suikerklontjes staan, hij wilde blijkbaar steeds een suikerklontje in zijn mond hebben.

Dat had ik al gedacht, zei hij, ik dacht: als ik het vuur en de lamp niet aansteek dan stuurt hij dat mens op me af. Dan krijg ik haar te zien, dat was de bedoeling. Dat mens waarvan hij zich voorzien heeft.

29

Als de sneeuw is geruimd, zei ze, dan vertrek ik. Ik wacht op de sneeuwploeg.

Ze stond nog steeds bij de deur naar hem te kijken. Zijn zwaarlijvigheid was werkelijk indrukwekkend. Maar het was duidelijk dat hij stervende was.

Nu pas zag ze de kat, die was op de bank gesprongen en had zich opgerold aan zijn voeten.

Die is zeker met mij meegekomen, zei ze. En door de deur naar binnen geglipt zonder dat ik het heb gezien. Minna. Hadars kat.

Hij nam een suikerklontje, hij kauwde niet, vermoedelijk had hij geen tanden.

Aha, zei hij. Aha, hij beweert dat het zijn kat is. Leo. En die is al twaalf jaar bij mij. Het is een oude kater en hij heet Leo. Hij zal mij nog overleven.

Ze ging op een van de stoelen bij de tafel zitten. Ze kon net zo goed hier een tijdje zitten als bij de andere broer, Olofs lucht was lang zo wee en walgelijk niet als die van Hadar. Voordat ze wegging zou ze de kat onderzoeken. Het was vreemd dat dit afgeleefde dier de kracht en het vermogen had beider kat te zijn, poes bij de een en kater bij de ander.

En wat doe je verder? zei hij. Als je niet bij dat kadaver bent?

Je broer? zei ze. Je bedoelt Hadar?

Op de vloer bij de kamerdeur stond een stapel ongeopende pakken suiker. Tegen de zijleuning van de bank stonden een paar dozijn chocoladedozen opgestapeld, onder de tafel waren doosjes rozijnen op een hoop gegooid, ja overal in de keuken slingerden alle mogelijke soorten zoete eetwaar rond, op de vensterbanken, in de blikken emmers bij de buitendeur, onder de bank, op het aanrecht.

Zakken snoep, potten stroop en bruine suiker en honing, kleine doosjes met zuigpastilles.

Waarschijnlijk zag hij hoe ze rondkeek, hij voelde zich duidelijk verplicht haar een verklaring te geven.

Het zoete doet me goed, zei hij, het geeft me voedingsstoffen.

En hij ging door met een verhelderende verheerlijking van het zoete, een hoogdravende ophemeling die ze bijna gelijktijdig oplettend vertolkte, het was moeilijk haar gemompel en zijn woorden uit elkaar te houden. Het was dankzij het zoete voedsel dat hij nog leefde, dat hij in weerwil van zijn deerniswekkende staat nog zo onbegrijpelijk sterk en taai was. Een lichaam als het zijne was onvoorstelbaar zwaar om te dragen, als een ton vol gezouten spek, alleen de zoetigheid bevatte de nodige voedingswaarde, zonder de kracht die in het zoete zit zou hij erbij liggen als een walvis op het droge. Als je je mond volstopte met rozijnen en bruine suiker dan was je in staat de lamp aan te steken en het hout binnen te halen en het vuur in het fornuis aan te leggen, tenminste zolang je de hap nog in je mond had. Maar er was meer dan alleen de lichtrode smaak op de tong en tegen het verhemelte, het zoete drong tot in je hele wezen door, het kietelde zelfs de oorlelletjes en bevochtigde en verwikte de teennagels, het was in het algemeen een tegengif tegen al het bittere en zure in dit ruwe bestaan, het maakte een eind aan het heen en weer geslinger tussen hoop en vrees, het bracht gemoedsrust. Ja, eerlijk gezegd was het verschijnsel dat geluk genoemd werd in feite niets anders dan de beleving van het zoete, die beleving en het geluk waren gelijk aan elkaar.

En hoe ouder je werd, hoe meer je leerde van het leven, des te dieper en genuanceerder werd de betekenis van het zoete, er zat in de mens een ontwikkeling, een onafgebroken toename van de mogelijkheden en effecten van het zoete. Hij verbeeldde zich, zei hij, hij verbeeldde zich soms dat er iets was dat hij nog nooit had mogen proeven, het volmaakt zoete, en dat alles wat hij tot op

31

dat ogenblik had uitgeprobeerd hem alleen de voorsmaak had gegeven, hij dacht dat de honing en de borstbonbons en de chocoladerepen in een richting wezen van iets dat zo zoet was dat het zich niet liet beschrijven.

Zijn stem klonk pieperig en hij stootte de woorden één voor één uit, zijn spraak werd beïnvloed door zijn snelle hartslag. Hij had waarschijnlijk nog veel meer over het zoete willen zeggen.

Maar zo in het gewone leven, zei hij, gaat het natuurlijk alleen om de warmte, de suikerklontjes houden me warm, je ziet dat ik zweet, ook al brandt er geen vuur in het fornuis.

Hij had inderdaad pareltjes van zweet op zijn voorhoofd. Ik zal vuur maken, zei ze.

En ze was hem het antwoord nog schuldig op de vraag wat ze deed als ze niet bij Hadar was. Ik schrijf boeken, zei ze. Ik ga een boek schrijven over Christoffel.

Wie is Christoffel? zei hij.

Terwijl ze ook die vraag probeerde te beantwoorden legde ze berkenbast en houtjes in het fornuis, het vuur vlamde vrijwel onmiddellijk op. Er was over Christoffel geen boek geschreven, zei ze, ze was van plan een groot aantal anekdotes en scherven en splinters en vertellingen tot een geheel bijeen te brengen, het was niet mogelijk om helder en eenduidig weer te geven wie hij geweest kon zijn. Ze zou de gedachten opschrijven die bij haar opkwamen. Ze wilde het gewoon zo goed mogelijk doen zodat er zelfs over Christoffel een boek zou zijn.

De kat lag nog aan zijn voeten. Voordat ze wegging zei hij tegen haar: Ja, gestookt moet er worden want anders koelt de hangklok af en blijft hij stilstaan. Als de hangklok stil blijft staan dan kan je nergens meer zeker van zijn.

Hadar stond in zijn nachthemd voor het raam, hij leunde op de vensterbank, zijn benen en de flanellen stof trilden en beefden van de inspanning die het hem kostte overeind te staan.

Je bent lang weggebleven, zei hij. Het was niet de bedoeling dat je bij hem zou blijven en voor hem zou zorgen.

Hij is ziek, zei ze. Hij zou iemand nodig hebben die hem komt helpen.

Hij is niet zo ziek als hij zou moeten zijn, zei Hadar. Hij had allang dood moeten zijn.

Hij keek onafgebroken door het raam naar buiten, de donkere avond in. Zijn benen konden het elk ogenblik begeven, als hij viel zou hij de kracht niet hebben op te staan. Ze legde haar arm om zijn middel en pakte hem bij zijn polsen en hielp hem terug naar de bank. Hij lag nog een tijd stil te hijgen, zij stopte hout in het fornuis en zette brood en boter op tafel.

Eet hij de suiker? zei hij wat later. Is dat nog steeds zijn enige beleg, de suiker?

Suiker, zei ze. En honing en chocola en rozijnen en lolly's en ulevellen en kandijgruis. Het wordt zijn dood.

En ze voegde eraan toe dat hun tweekamp, als het nu werkelijk een tweekamp was, ook precies daardoor beslist zou worden. Olof, zijn broer, verkortte met ieder suikerklontje en iedere ulevel en chocoladereep zijn leven met meerdere etmalen, ze noemde ook wat hem met zekerheid te wachten stond: ontstekingen zowel in de alvleesklier als in de galgangen en bloedvaten van het hoofd, trombose, hartaanvallen, doorligwonden, hersenbloedingen.

Zo eenvoudig is het niet, zei Hadar. Hij heeft in elk geval de suiker om voor te leven. Als ik zoiets dergelijks had als de suiker.

Toen herinnerde ze zich de kat, en ze opende de deur

om hem binnen te laten, voor het geval dat hij daarbuiten in de kou stond. Maar geen kat.

Daarna probeerde ze hem nog een keer aan de sneeuwploeg te herinneren. Ik kan me voorstellen, zei ze, dat jullie allebei gehaald worden zodra de weg schoon is. Per ziekenauto. Een ziekenhuis, zei ze, een van de ziekenhuizen aan de kust, dat is het enige wat jullie nodig hebben. Als de sneeuwploeg langs is geweest.

Ze keek hem aan terwijl ze dit zei, hij zou geknikt kunnen hebben of afwerend met zijn hand gewuifd om daarmee te bevestigen dat de sneeuwploeg werkelijk bestond.

Maar hij had geen belangstelling voor de sneeuwploeg, in plaats daarvan zei hij: Als ik wist hoe je dat doet als je de boeken schrijft, dan zou ik je helpen. De kennis heb ik. Alleen de geleerdheid niet. En de krachten heb ik gehad. Ik weet nog wel hoe het was om de krachten te hebben. Nu ben ik als een leren zak vol botten.

Nog nooit eerder had iemand aangeboden samen met haar of in haar plaats te schrijven. En ze glimlachte naar hem, het leek of zijn heldhaftige poging om haar zijn goedheid te tonen haar verheugde, of ze een kort ogenblik begreep hoe hij dacht maar het daarna weer snel vergat.

Later op de avond schreef ze het eerste stuk op, een halve bladzijde in haar schrift. De vorm die haar voor de geest stond, en dat tekende ze ook op, was de spanningsboog van de gregoriaanse zang, eenvoudige en trouwhartige klankmotieven zouden zowel in elk hoofdstuk apart als in het geheel een ontwikkeling doormaken naar het ingetogen recitatief om daarna weer terug te keren naar de onopgesmukte natuurlijkheid van het begin; als zwervende tonen zouden de twee beelden van Christoffel, de heilige uit de legende en de eventueel werkelijke, zich met en tegen elkaar bewegen. In de hooggestemde delen moest een voortdurend streven naar het banaal alledaagse bespeurd kunnen worden, retoriek in de bovenlaag zou tot eenvoud en trivialiteit in de diepte leiden, ja, als het evenwicht het zou eisen zelfs vulgariteit.

En nu kwam de sneeuwploeg.

Ze had net een punt gezet en haar pen neergelegd toen het licht kwam, het leek zijn bron ver onder haar te hebben, het werd schuin omhooggericht en vulde algauw de hele nachthemel voor het raam. Daarna volgde het gedreun, het werd sterker en sterker, zo dadelijk zou ook dat het hele hemelgewelf vullen, het was een gedreun dat ook geknars en gerammel en gefluit inhield, het werd zo'n kabaal dat ze haar handpalmen tegen haar oren moest drukken. Toen kwam het voertuig in zicht, of liever gezegd niet het voertuig zelf, maar een reusachtige wervelende en schuimende wolk van sneeuw, verlicht door zes koplampen. Ja, de sneeuwploeg was waarlijk een afgezant van de beschaving, hij reed voorbij en het geluid nam af en stierf bijna weg, maar hij kwam terug en reed nog eens langs nadat hij aan het eind van de weg was gekeerd.

Nu was de sneeuw dus geruimd.

De volgende morgen zei ze het tegen Hadar: Nu is de sneeuw geruimd.

Dat was nou werkelijk niet nodig, zei hij. De regen haalt de sneeuw wel weg.

Toen pas zag ze de regen die langs de ruiten omlaag stroomde. Hadar had de pas gewassen kleren aangetrokken, hij zat aan de tafel op een stuk brood te kauwen, het vuur brandde al in het fornuis. Toen ze tegenover hem ging zitten rook ze dat hij nog steeds niet van die lucht verlost was, ook al waren zijn kleren nu schoon.

Na de regen, zei ze, als het opgehouden is met regenen, dan ga ik.

We zullen wel zien, zei hij.

Door de regen die langs de ruit stroomde was de rook uit de schoorsteen van de buurman heel duidelijk te zien, hij werd omlaag gedrukt en maakte het huis zo nu en dan onzichtbaar.

Vandaag stookt hij, zei ze.

Hij verbrandt het papier en de kartonnen dozen die om zijn chocoladerepen en suiker en borstbonbons hebben gezeten, zei Hadar. Die rook herken ik.

De kat was nergens te zien. Ze vroeg niet naar hem, ze opende alleen de deur om te kijken of hij in de vestibule lag of op de stoep voor het huis zat.

Nee, zei Hadar, ze is op jacht, daar is ze nog niet te oud voor, kleine vogeltjes en jonge haasjes en lemmingen, soms is ze wekenlang dag en nacht op jacht. Minna.

Nu ging het zachter regenen.

Ik ga even naar je broer om afscheid te nemen, zei ze. Zodat hij het ook weet.

Hij zat op de keukenbank, zijn buik rustte tegen zijn dijen en hing in een vetplooi over zijn knieën. Hij had opgeruimd, er lag geen pakpapier meer op de vloer te slingeren, de voedzame etenswaar was netjes opgestapeld op het aanrecht en op de tafel en op de stoelen, hij zat nog na te hijgen. En zijn opgezwollen gezicht lachte haar hartelijk toe, hij beweerde dat hij al wel begrepen had dat ze zou komen om afscheid te nemen.

Over een paar uur, zei ze. Ik wil er alleen maar even op toezien dat Hadar vandaag nog iets te eten krijgt.

Heeft hij dat eten werkelijk nodig? zei Olof. Ik dacht dat hij genoeg had aan de kanker die binnenin hem groeit, dat die zijn ingewanden op zou vullen.

Hij lachte niet meer toen hij dat zei, misschien dacht

hij wel in volle ernst dat het bij de kanker om geven en nemen ging. Hij had een pakje rozijnen naast zich liggen, hij kauwde en smakte aan één stuk door, hij wilde dat ze zag dat hij echt niet hulpeloos was.

Is er niemand anders die zich om jou bekommert? zei ze. Niemand anders dan Hadar?

Toen spreidde hij zijn armen wijduit en verhief zijn stem alsof die vraag zo goed als onbegrijpelijk was.

Wie zou ik verder moeten hebben? zei hij. Nee, Hadar is de enige mens die ik heb. Als wij elkaar niet hadden, dan weet ik het ook niet meer.

Terwijl hij zijn armen en handen bewoog kraakte het in zijn gewrichten alsof ze volkomen uitgedroogd waren, alsof niets van al dat vet erin geslaagd was naar binnen te dringen en zijn skelet te smeren.

En zij mompelde nog hoe handig het was en hoe goed het uitkwam dat ze ondanks alles elkaar hadden, de broers, dat hun huizen zo voortreffelijk gelegen waren op dezelfde helling en dat hun omstandigheden zo sterk aan elkaar deden denken, dat ze om zo te zeggen gedwongen werden tot wederzijds begrip en medelijden.

Ik wil dat je iets meeneemt voor Hadar, zei Olof. Iets dat van hem is. Ik ben tot het inzicht gekomen dat hij de eigenaar is.

De vloerplanken kraakten onder zijn gewicht toen hij zich voortbewoog. Maar hij bewoog zich nog, ook al ging het log en langzaam en snakte hij naar adem. Hij haalde een kartonnen doos van de houtbak en legde die voorzichtig in haar uitgestrekte handen, het was een bruine doos met stevige touwen eromheen.

Bedankt, zei ze.

Ze bedankte namens Hadar.

Voordat ze wegging om nooit meer terug te komen wilde ze de tussenkamer in het huis van Olof zien. Ze bleef in de deuropening staan, ze hield de doos tegen haar borst gedrukt, de kamer zag eruit zoals ze verwacht had. Maar op de kolomtafel stond een foto.

Wie is dat, vroeg ze, die vrouw?

Dat had ze niet moeten vragen. Het was natuurlijk zijn moeder, dat weemoedige en verbleekte en wazige gezicht. Over haar hoofd hing een bruidssluier, bij de haarinplant gerimpeld tot een roos.

Na de inspannende tocht met de doos was hij teruggelopen naar de bank, nu lag hij op zijn rug.

Minna, zei hij. Het is Minna. De vrouw met wie ik getrouwd was. Ik was het die haar liet fotograferen en vergroten.

Vergeef me, zei ze. Dat had ik moeten begrijpen.

Het laatste dat ze tegen Olof zei was: Dat was ik nog vergeten te zeggen over Christoffel, Christoffel van het boek dat ik ga schrijven. Hij geeft bescherming tegen de plotselinge dood. Hij helpt iedereen die niet onvoorbereid wil sterven. Dat wilde ik maar even zeggen.

Ze zette de kartonnen doos op tafel. Olof deed je de groeten, zei ze. Hij wilde je dit geven, wat het ook moge zijn.

Hadar zat licht voorovergebogen en steunde met zijn handen tegen de tafelrand, ze ging recht tegenover hem zitten, ze bekeken de doos.

Ten slotte zei hij: Dat had ik nooit gedacht. Nu zal hij wel gauw doodgaan. Die Olof. Maar de zoetigheid eet ik niet. Als het de zoetigheid zou zijn.

De touwtjes waren gevlochten en de knopen driedubbel, ze konden niet zonder een of ander gereedschap worden losgemaakt. Hadar ging door met praten, hij richtte zich tot haar en tot de doos, hij vertrouwde erop dat ze begreep en kon vertolken wat hij zei, zijn stem klonk zo nu en dan schor en half verstikt.

Tussen broers bestond er toch iets wonderlijks en groots, verkondigde hij. De broederlijkheid was een natuurverschijnsel van dezelfde soort als de zwaartekracht of de zonsverduistering of de vorst die samenhang geeft aan de aarde, de broederlijkheid was sterker dan bijvoorbeeld de haat of de liefde. Broers, zoals hij en Olof, zaten voor altijd en eeuwig gebonden aan dezelfde navelstreng. Als hij eraan dacht hoe ze in hun kinderjaren onder dezelfde schapenvacht hadden geslapen en dezelfde scherpe hoest hadden gekregen van het stof uit de stromatras, dan kon hij het niet helpen dat de tranen hem in de ogen sprongen. Een broer kende je onvermijdelijk tot de laatste moedervlek en wrat en misvormde nagel, ja, gebreken en verdiensten kon je zelfs zo ver met elkaar delen dat je zei: onze verstopte neus, onze x-benen, onze uitpuilende navel, onze grote voortanden, onze machtige bovenarmen. Tussen broers onderling waren geen geheimen mogelijk, de uitdrukking vleselijke broers kwam heus niet uit de lucht vallen. In dit verband was ook een aantal andere woorden de moeite waard: broederhand, broedermin, broederschap, broederband. En broederhart. Ja werkelijk: broederhart. Als twee mannen buiten op het land zijn en de een wordt weggerukt en de ander blijft over, dan zijn het geen broers. Alle goedheid en barmhartigheid en edelmoedigheid had zijn oorsprong in het broederlijke. Eerst leek het of de mens in het algemeen het scheppingswerk afsloot, maar uiteindelijk was het de onvoorwaardelijke en onschendbare verbondenheid tussen twee broers, die voor de ware vervolmaking stond.

Voor een broer kon je altijd tot het uiterste gaan.

Ik ga tot het uiterste, zei hij.

Broer te zijn was iets dat je op je nam, een plicht om de grondgedachte van de broederlijkheid te belichamen, om die aan de wereld te tonen of ten minste aan de andere broer. Broer te zijn, dat was de grootste genade die een mens ten deel kon vallen. Aan wie zou je een grote kartonnen doos geven behalve aan je broer?

Daarna haalde ze het vleesmes van het aanrecht en gaf het hem, nu moest hij toch eindelijk het geschenk van zijn broer aanschouwen. En hij sneed de touwen door en tilde het deksel op.

Ik begreep het meteen, zei hij toen hij zoveel had gezien als nodig was. Dit was het wat ik de hele tijd al wist.

Toen stond hij op en liep de paar stappen naar de bank en ging liggen.

Het was Minna, de kat. Of Leo. De kater. De kop apart en het lijf apart, het gestolde bloed van de afgesneden hals bedekte de bodem van de doos. Toen ze het stijve lichaam oppakte om het onder de staart en tussen de achterpoten te onderzoeken werden haar vingers kleverig van het bloed. Nee, ze vond geen geslacht, ze zag alleen de min of meer blote huid, deze kat was geen mannetje en geen wijfje, hij was niets, hij was inderdaad zowel Minna als Leo geweest. Misschien dat hij langgeleden een van de twee geweest was.

Het was goed dat hij haar doodde, zei Hadar. Het moest toch gebeuren. Het was nodig.

Ze keek naar hem. Hij was een gekweld en stervend mens die rouwde om zijn kat. Af en toe tilde hij zijn hand op en streek ermee door de lucht boven zijn borstkas alsof de kat er nog lag.

Ach ja, zei hij. Ach ja.

Maar ik blijf hier tot morgen, zei ze. Een dag meer of minder maakt ook eigenlijk niets uit.

Toen bleef zijn hand in de lucht. In dat geval, zei hij, in dat geval kun je het kattenlijk begraven, je kunt het helemaal aan het uiteinde van het aardappelland begraven, er staat een schop aan de binnenkant van de eerste schuur-deur.

Toen ze wat later binnenkwam na de kat onder de dennen achter de stal op de grond te hebben gelegd, duidelijk in het zicht voor kraaien en vossen en raven, de kop apart en het lijf apart, toen zei hij: Nu moet je tegen mij zeggen dat je haar hebt begraven, zelfs als je haar alleen maar in het gras hebt gelegd, je moet zeggen dat je haar drie of vier voet diep hebt begraven.

Ik heb Minna begraven, zei ze, ik heb zo diep gegraven als de schop kon komen.

Ik denk dat hij haar slachtte om mij het ongemak te besparen, zei hij. En het was mooi gesneden, handig zijn we altijd geweest. Wat hij me in de eerste plaats wou geven was niet de kartonnen doos, het was de slacht.

En een tijdje later: Maar hij is sterker dan ik dacht, om een kat dood te slaan moet je rap in de vingers zijn en je moet het uithoudingsvermogen hebben, het is mannenwerk, dat is het.

Hij lag volkomen stil, hij had zijn handen over zijn borst gevouwen, hij lag zijn krachten te sparen om als het enigszins mogelijk was zijn broer te overleven. Afgezien van het geschenk van Olof, de onverwachte dood van de kat, zou dit een heel gewone dag voor hem geweest kunnen zijn: de pijnstillers, een hapje eten, even dutten, de natuurlijke behoeftes, de gedachten die hij bij zich hield. Ze haalde de krant uit de brievenbus aan de weg, die van vandaag en van gisteren, geen van beiden hadden ze zin erin te lezen. Je kunt het fornuis ermee aansteken, zei hij.

Ze ging naar boven, naar haar kamer en zat daar een tijdje aan tafel, ze schreef ook een kort stukje. Wat ze moest overbrengen, noteerde ze, was de complexiteit en de dubbelzinnigheid van Christoffel, niet wie hij was maar wat hij voorstelde. Mensen laten zich niet vastleggen op papier, alleen gestalten. Fragmenten van mondelinge tradities waren in de geschreven bronnen binnengeslopen, misverstanden en verkeerde interpretaties en leengoed uit andere heiligenlegenden hadden de waarheid over Christoffel verrijkt en bevestigd, er waren hem trekken en daden toegeschreven en misschien zelfs lichamelijke eigenaardigheden, waaronder weerzinwekkende uitwasemingen, die eigenlijk of oorspronkelijk bij de heilige Homobonus of Calixtus of Arbogast hoorden. Zo werd er gezegd of gesuggereerd dat hij de gewoonte had de allerziekste in zijn armen te nemen zodat ze een schoot hadden om in te sterven en dat hij de beertonnen van de behoeftigen en ter dood veroordeelden gewillig in de rivier de Morava leegde. En dat hij samen met de melaatsen leefde, hij schraapte hun onreinheid met zijn nagels weg, hij bette en verbond hun wonden, voerde hen met behulp van de steel van zijn geweldige houten lepel. Van beneden kwam gepraat. Ze hoorde hoe Hadar in zichzelf aan het mummelen en mompelen was, het enige dat ze kon onderscheiden waren de vloeken.

Toen ze beneden kwam overviel zijn stank haar opnieuw, en nu zo hevig dat ze braakneigingen moest onderdrukken.

Je moet jezelf de rust gunnen, zei hij. Je moet af en toe een pauze nemen.

Ze warmde nog eens water op het fornuis en zei dat hij zich moest uitkleden. Daarna waste ze zijn hele lichaam met lappen, ze wreef het schoon met zeepwater en klopte hem ten slotte droog met doekjes van rood-blauw geruit flanel. En hij liet haar begaan, hij tilde zijn armen en benen op en draaide ze precies zoals zij het van hem wilde en hij keerde zich op zijn zij en op zijn buik, en als zijn lichaamshouding het toeliet praatte hij, over zichzelf en over haar: Dat vroeg hij zich werkelijk af: Had zij wel ten volle begrepen hoeveel moed en onverschrokkenheid en onbesuisdheid hij had moeten opbrengen om zich ertoe te zetten haar, een vreemd mens, tot zich toe te laten? Hij wist geen greintje meer van haar dan wat er in de krant had gestaan, toch had hij haar in zijn huis gehaald. De vreemde mens kon bijna onbegrijpelijk gevaarlijk zijn. Het vreemdelingschap werd gekenmerkt door een soort wildheid, om niet te zeggen ruwheid en onmenselijkheid, zo waren de mensen thuis nooit, het vreemdelingschap was als een bodemloze waterbron. Dat was het enige beeld dat hij kon vinden: een kloof zo diep als een afgrond en gevuld met water. Maar hij had het nu niet alleen over de vreemde mens, hij had het over al het vreemde, het geestelijke en het stoffelijke, het bestaan in zijn diepste essentie was niets anders dan een onophoudelijke strijd tegen het vreemde, tegen vreemde stoffen en krachten had je je steeds te verzetten, door je te verdedigen tegen het vreemde liet je zien wat je werkelijk waard was, wat je aan echtheid had. En als het vreemde ten slotte toch je lichaam binnendrong werd je ziek, en als het vreemde helemaal de overhand nam was je ten dode opgeschreven. In je jonge jaren kon je het vreemde bij de horens pakken en overwinnen, maar later in je leven moest je vertrouwen op het uithoudingsvermogen en de vindingrijkheid, je kon het vreemde zelfs om de tuin leiden en zo tot bondgenootschap overhalen. Het ging erom dat je nooit over één nacht ijs ging, maar altijd plannen smeedde en op het ergste was voorbereid. Het was bijna absurd hoe afhankelijk je daarbij was van iemand die je voorgegaan was en de weg had gewezen, een voorbeeld dat tot navolging kon dienen.

Hij wilde voorzover het hemzelf betrof zijn grootvader als richtsnoer en maatstaf aanwijzen. Zijn grootvader was het voorbeeld, zelf was hij de afbeelding. Elke dag dacht hij wel even aan zijn grootvader en de hommelnesten. En dan vooral aan het allerlaatste dat zijn grootvader was overkomen in verband met de hommelnesten.

De hommelnesten? zei ze.

Ja, de nesten van de hommels in de aarde, zei hij, de zakken vol met honing, de buidels waar je de honing uit kunt wringen, de honing en niets anders.

Hij had een herdershond, zijn grootvader dus, een herdershond die hoog op de poten stond als een rendier en een wolfskop had zoals sommige herdershonden hebben, en die herdershond had geleerd de hommelnesten te zoeken, op de geur af te gaan, hij rende in grote bochten en als hij het hommelnest gevonden had bleef hij staan en dan blafte hij. En de grootvader rookte de hommels uit met een stuk berkenbast en kneep de buidels leeg en verzamelde de honing in de blikken emmer die hij in zijn rugzak had. 's Zomers na het hooien trokken ze diep de bossen in, de grootvader en de herdershond, ze doorkruisten de veenmoerassen en waren vaak wekenlang op jacht, op jacht naar de hommelnesten. Op een keer, de keer waar hij het nu over had, waren ze ver naar het westen getrokken, een eind voorbij het moeras van Lauparlid en de berg van Handske.

Terwijl ze zijn rechterarm optilde om de grauwe korst van vuil uit zijn oksel weg te wrijven, zei ze: Noem die namen nog eens.

Het moeras van Lauparlid en de berg van Handske, zei hij.

En achter een ontwortelde boomstronk aan de rand van een groene helling, er was niemand bij die het zag, in de graslaag dus bij de boomstronk, daar had de hond een hommelnest gevonden. En toen ze zich eroverheen bogen, de grootvader en de herdershond, toen was de zode onder hen gebarsten en waren ze in een uitgedroogde put gevallen die daar ooit in het begin der tijden was gegraven, een zestien voet diepe put. Daar waren ze tussen het steengruis in de diepte blijven zitten, er zou in geen weken iemand naar hen op zoek gaan, niemand kon uit die put omhoogkomen, zelfs een herdershond niet. En ze hadden de honing gedeeld, de hommelhoning die ze in de blikken emmer hadden verzameld, af en toe een likje, ja de honing had hen zoveel dagen in leven gehouden als de grootvader nodig had om de rug van zijn manchester kiel tegen de wand van de put te verslijten.

Maar daarna, toen de emmer leeg was, toen hadden ze elkaar eens aangekeken, ook 's nachts viel er daglicht door de opening van de put, ze hadden elkaar voor het eerst nauwkeurig opgenomen en de hond had gezien dat de grootvader hem eigenlijk vreemd was en de grootvader was tot het inzicht gekomen dat hij goed beschouwd de herdershond in het geheel niet kende. Hoeveel hommelnesten ze ook samen hadden buitgemaakt, toch waren ze vreemden voor elkaar.

En het was hun beiden duidelijk geworden dat, nog voordat dit was afgelopen, nog voordat ze in de een of andere vorm uit de put werden opgevist, de een de ander zou hebben opgegeten.

De honger is niet het ergst, zei ze, maar de dorst. De mens sterft als al het vocht is opgebruikt.

Ze was nu bezig met de andere oksel.

Hij wilde echter benadrukken dat het rauwe vlees vol vocht zat, dat het vlees zowel voedsel was als drank en dat die twee beneden in de put daarvan zeker op de hoogte waren geweest. Als je bijvoorbeeld een gat prikte in Olof, zijn broer Olof dus, dan zouden er meteen grote hoeveelheden vocht uit sijpelen, geen ranzige olie of traan zoals je redelijkerwijs kon verwachten maar een vloeistof die werkelijk als water was.

Zodoende was er ten slotte een tweegevecht ontstaan tussen de grootvader en de herdershond, het was een kwestie van volharding en waakzaamheid en geduld geworden, en toen ze eindelijk gevonden werden, een man ontdekte toevallig het gat in de aarde terwijl hij op zoek was naar de paarden, toen was duidelijk gebleken dat de een de ander had opgegeten.

Ze vroeg niet wie wie had opgegeten, hij zou haar dit nooit hebben verteld als het zo geweest was dat de herdershond de grootvader had opgegeten.

En ze haalde haar tandenborstel en tandpasta en ze borstelde zijn tanden, ze verkeerden zowaar in onbegrijpelijk goede staat, hij sperde zijn mond wijd open voor haar en terwijl ze met duim en wijsvinger zijn lippen naar buiten stulpte, ze poetste en borstelde tot het tandvlees begon te bloeden, zei ze: Ik vraag me werkelijk af hoe hij smaakt, de hommelhoning?

Daarna, toen ze hem niet schoner kon krijgen, boog ze zich voordat ze hem zijn kleren teruggaf, voorover en rook aan hem, van zijn schedel tot zijn voetzolen, en ze merkte dat de stank nog precies dezelfde was als daarvoor. Hij kwam uit de poriën van zijn huid en uit zijn mond en neusgaten en uit zijn etterige ogen en uit zijn oren en zijn navel. Ze had zich ook voorgenomen zijn nagels en haar te knippen, het kransje om zijn schedel, maar daar zag ze nu vanaf. Maar de huid had een bijna metaalachtige glans gekregen, matgeel met een blauwwitte weerschijn in het spaarzame daglicht.

Eigenlijk, zei hij, eigenlijk had ik je aan je lot over kunnen laten.

Wat later die middag, toen hij de pijnstillende tabletten had gegeten, zei hij: Als ik de erfenis van Olof heb dan breek ik dat huis van hem af en dan ga ik uit het hout een sauna timmeren, een Finse sauna met van die ronde stenen op de oven.

Dit is een onderwerp, zei hij, dat jou vast en zeker onbekend is.

Geen enkele manier van reinigen of wassen of schrobben kon namelijk ook maar in de verste verte vergeleken worden met het zweten, het water en de borstels raakten slechts het oppervlak, maar het zweet kwam van binnenuit, de onreinheid kwam van binnenuit, wat de mens uitgaat is wat hem ontreinigd heeft.

Hij had er allang aan gedacht: een sauna zodra Olof wijs genoeg was om dood te gaan. Hij wilde uiteraard de stervende het recht niet ontzeggen om te vechten voor het leven, voor het verlengen van zijn lijden, maar Olof ging hierin toch wel iets te ver. Hoe dan ook, als die dag gekomen was dan zou hij in de sauna gaan zitten die hij gebouwd had van het sloophout van Olof en hij zou alle onzuiverheid en alle dampen uitzweten, dat was het enige natuurlijke en passende voor een man, een man was gemaakt om te zweten, zolang een man zwaar werk deed en zweette hoefde hij zich nooit te wassen, als al het zweet uit zijn eigen leven was opgevangen in een groeve in de aarde, dan zou er een meer van flinke omvang zijn ontstaan, nee, geen meer: een moeras, een modderpoel, bodemloos drijfzand. Want mannenzweet was namelijk niet waterig en dun, nee, het was als gerstepap of kalkdrab, het was sterk en rijk aan bestanddelen, het stroomde niet gemakkelijk en onbezorgd, maar het moest door de poriën naar buiten geperst worden zoals de erwtenpuree door de zeef.

Natuurlijk was het juist en passend dat ook de vrouwen zweetten, maar het zweten had bij vrouwen lang niet dezelfde diepe betekenis als bij mannen. Langgeleden was er een vrouw geweest die om zo te zeggen samen met hem had gezweet, zijn zweet was aangelengd met dat van haar, en daardoor wist hij dat het vrouwenzweet dun en doorschijnend was, het stroomde gemakkelijk, om niet te zeggen lichtzinnig uit de gladde huid en het rook naar bijna niets, kreeg je het in je neus dan moest je denken aan het berkensap. De vrouw was onverschillig voor het zweet, het had niets met vuil of schoon te maken, het stelde niets voor en betekende niets voor haar.

Daarom zou hij daarbeneden alleen in de Finse sauna gaan zitten die hij zou bouwen van de erfenis van Olof, ze zou er daar werkelijk niet bij hoeven zijn om hem te helpen, hij zou zijn hoofd op zijn handen steunen en zoveel zweet naar buiten persen dat er niets onreins en niets overbodigs of vreemds en niets van een ziekte in hem zou achterblijven.

Voordat de avond kwam ging ze ook nog naar Olof. Wel ja! zei Hadar, dat doet maar! het zal jou een zorg zijn of ik hier in mijn eentje lig te sterven!

Olof was aan tafel ingeslapen. Een half opgegeten chocoladereep stak uit zijn ene mondhoek, zijn hoofd en armen rustten op het tafelblad.

Ze wekte hem door te zeggen: Ik vertrek morgen pas.

Toen ging hij rechtop zitten en stopte de halve chocoladereep in zijn mond. Ik zat te denken, zei hij tijdens het kauwen. Ik dacht aan jou, hoe jij naar het eind van de wereld vertrok met de bus en de treinen en de vliegmachines.

Hij zweette verschrikkelijk, alsof zijn huis nu al een sauna was.

Ze ging zitten. Daarna vroeg ze: Waarom haat je hem? Waarom haat je Hadar?

Toen tilde hij zijn armen van de tafel en hield zijn beide handpalmen naar haar toegewend. Niet waar! zei hij. Niets van waar. Ik haat Hadar niet! Hij is toch mijn broer!

En hij verzekerde haar: Wie zijn broeder haat, die is in het duister, wie zijn broeder haat is een mensendoder.

Nee, als broederhater was hij niet eens middelmatig!

Zijn van suiker doordrenkte intelligentie was wakker geschud door haar vraag.

Maar je wenst hem wel dood, zei ze.

Dood? zei hij. Daar weet ik niks van hoor. Dood?

En ze herinnerde hem aan de kat. De kat in de kartonnen doos.

Dat was maar een kleinigheid, zei Olof. Dat ben ik alweer vergeten.

Ach, ze moest eens weten wat een krachtige en indrukwekkende en rijzige man Hadar geweest was voordat de kanker hem begon op te eten, een eerstgeboren broer die je kon hoogachten, ja, die je zelfs probeerde na te volgen!

Zijn hele kindertijd en jeugd had hij alles op alles gezet om zelf een Hadar te worden. Het was altijd een grote vreugde voor hem geweest een kledingstuk of een paar schoenen over te nemen waar Hadar uitgegroeid was of een mes dat te bot voor hem was geworden. En toen hij onder Hadars schapenvacht mocht liggen was hij vervuld geraakt van zoveel blijheid en innig geluk dat hij met de beste wil van de wereld niet in slaap kon komen.

Het was betreurenswaard en ellendig dat ze volwassen waren geworden, als ze kinderen hadden mogen blijven of ten minste jonge mannen dan zouden ze tot op de dag van vandaag elkaars troost en verkwikking zijn geweest, dan zouden ze om zo te zeggen nog steeds aan de zijde van hun moeder hebben gelegen en elk uit een tepel de zoete melk gezogen hebben.

Het was de volwassenheid die hen gescheiden had.

Bij hemzelf had de volwassenheid weemoed en verdriet

gebracht, Hadar was erdoor getroffen als door een ziekte aan de ziel, hij was een dief geworden en een bedrieger en boosdoener.

Nu kreeg hij, Olof, de tranen in zijn ogen als hij dacht aan alles wat hij van Hadar had geleerd: de vloekwoorden, wilgenfluitjes snijden en de poten uit jonge kikkertjes trekken, alle geheimen van het menselijk lichaam, de snoeken vangen, het lied van het meisje dat op het dak zat, berkensap laten gisten, tussen je voortanden fluiten. Ja, alles had hij van Hadar geleerd, zonder de geleerdheid van Hadar had hij niet geweten hoe het leven geleefd moest worden.

Je zou naar hem toe moeten gaan, zei ze. Ik kan je bij die paar stappen wel ondersteunen.

Maar dat was volkomen uitgesloten, hij kon alleen maar schaterlachen om zo'n dwaze gedachte, voorzover hij de laatste tijd in staat was tot schaterlachen, als je het aan je hart had dan vermeed je zoiets als schaterlachen, nee, Hadar zou hem meteen de kleren van het lijf rukken of in elk geval het weinige dat hij in zijn zakken had van hem afpakken of hij zou met behulp van leugens en vervloekingen het evenwicht in zijn ziel en misschien zijn verstand wel van hem stelen of, en dat was het meest waarschijnlijke, hij zou hem met het mes snijden. Zo was hij geweest vanaf het ogenblik dat ze dus volwassen waren geworden en de boerderij tussen hen beiden was verdeeld.

Hij, Hadar, had in het geniep zijn, Olofs, koeien gemolken. Hij had het berkenhout en de turfmolm van zijn grond gestolen, hij had de flanellen overhemden en de wollen sokken van de waslijn gehaald, hij had de dakspanen van zijn huis verwijderd om de witte suiker en de suikerklontjes op zolder door de regen te laten bederven, hij had beslag gelegd op de herinnering aan de grootvader en verkondigd dat hij het was, Hadar, die een volmaakte gelijkenis vertoonde met de grootvader, en dat hij, Olof, geen enkele trek van zijn grootvader had, hij had de elektrische stroom met de geheime aftakkingen gestolen. Ach, hij kon zich onmogelijk alles herinneren. Zelf was hij niet haatdragend zoals Hadar, daarom stond hij zich toe het een en ander te vergeten. Bijvoorbeeld dat Hadar met zijn jachtgeweer de seringenstruik van Minna kapot had geschoten, net toen die in bloei stond. En dat Hadar Minna met het mes had gekerfd.

Minna? zei ze. Minna, jouw vrouw?

Maar hij moest eraan toevoegen dat hij medelijden had met Hadar, ja medeschaamte, niemand kon beweren dat hij hem zomaar simpelweg dood wenste, zo kwaadwillig en liefdeloos was hij werkelijk niet. Nu Hadar er zo bij lag, opgebrand en door de motten aangevreten en door alle mensen verlaten. Maar de pijnen gunde hij hem, net als de verlossing van de pijnen, eerst het ene en daarna het andere, en hij gunde hem dat hij zou verschrompelen en weg zou kwijnen en als een uitgedroogd eekhoornvel zou worden, nee hij wenste Hadar niet dood maar hij gaf graag toe dat zijn broer zo langzamerhand recht op de dood begon te krijgen. Ja, op een rustige en bevredigende dood. Ten slotte. Zo zat het met die zaak. En dan, als Hadar weg was, zou hij zelf, zodra hij genoeg gerouwd had, uit zijn pop kruipen als een grote bonte vlinder en eindelijk met volle teugen van het leven gaan genieten.

Hij gebruikte precies die woorden: met volle teugen. Hij had zijn dikke, opgezwollen en blauw gestreepte handen voor zich op tafel gelegd.

Het was weer gaan sneeuwen, papierachtige vlokjes die stil leken te staan in de lucht.

Ook deze avond zat ze een paar uur voor haar schrift.

Ze herhaalde zich dikwijls, maar daar scheen ze zich

niets van aan te trekken, die paar lezers zouden er vermoedelijk ook niet veel aandacht aan besteden, misschien eisten ze wel een zekere hoeveelheid herhalingen, de herhalingen hielpen hen zich te herkennen, dankzij de herhalingen kreeg het geschrevene opvallend veel overeenkomsten met de rest van het bestaan. En het was immers niet haar bedoeling van alles te beweren, ze wilde alleen iets laten zien.

Laat op een avond in Ula nam Christoffel zijn intrek in herberg Het Ganzenbloed. De waard trakteerde hem op appelbrandewijn met honing, Christoffel zweette en dronk, de eeltplekken op zijn vingers dwongen hem de beker tussen zijn handpalmen te houden. En de waard wilde weten waarvoor hij kwam en wie hij was en wat voor leven hij leefde.

Eigenlijk, zei Christoffel, leef ik geen leven in de gewone zin van het woord. Het is mijn taak een poging te doen een bepaalde levensloop tot het einde toe te volgen. Ik stel iets voor maar ben tegelijk wat ik voorstel. Net als een figuur uit een kroniek of een mysteriespel.

Dat lijkt me, zei de waard, een ernstig geval van gekunsteldheid.

Helemaal niet, zei Christoffel. Voor mij bestaat er geen andere levensvorm dan die van de navolging. Van de navolging en de voorbeeldigheid tegelijk.

Voor mij, zei de herbergier, zou het een afschuwelijke kwelling zijn nooit mezelf te mogen zijn, mijn leven niet in te mogen richten in overeenstemming met mijn natuur. Tijdens het spreken maakte hij zijn tanden schoon met een kippenpoot, af en toe liet hij een boer.

Het verschil tussen zijn en schijnen te zijn is niet zo belangrijk als mensen in het algemeen geloven, zei Christoffel. In mijn geval is het volkomen uitgewist. Ik ben wat ik voorstel. Ik draag wat ik voorstel zoals ik al het andere draag. Voorstellen is doodeenvoudig dragen. Jezelf ben je alleen als je iemand of iets voorstelt waarin je werkelijk gelooft.

Is het een opdracht? vroeg de waard.

Ja, zei de heilige Christoffel. Het is een opdracht.

Haar letters werden groter en hoekiger dan anders. Waarschijnlijk kwam het door de ongebruikelijke verlichting en door de vermoeidheid in haar hand na de bezigheden van de dag.

In de ochtend van de derde dag schepte ze de sneeuw weg die 's nachts gevallen was. Ze verbrandde de bontmuts die voor de keukendeur gelegen had. Als je een nieuwe kat aanschaft, zei ze, moet je maar een nieuwe muts voor haar zoeken.

Nee, hij zou zich nooit meer ergens aan laten binden, aan geen enkel levend wezen.

Zonder zichtbare verontrusting zag ze de sneeuwploeg voorbijrijden. Nadat ze de krant uit de bus bij de weg had gehaald ging ze aan tafel zitten lezen. Toen Hadar dat zag zei hij: Nee, we moeten geen krant lezen. We moeten oppassen voor alle onrust en alle gebeurtenissen. We moeten langzaam leven zoals het baardmos. Met de krant moeten we het vuur aanmaken.

En ze vouwde de krant weer op en stopte hem in het fornuis.

Hij kon het kwaad blijkbaar het best beteugelen als hij op zijn rug lag, hij staarde omhoog naar het plafond terwijl hij doorging met praten over de kunst om te leven als het baardmos.

De mens had geen verstand van de langzaamheid, hij begreep alleen iets van de dingen die zich met zijn eigen snelheid bewogen. De berg die uiteenbrokkelde en het dennenbos dat op sterven stond en de stenen die door de teelaarde heen groeiden begreep hij niet, hij begreep niet eens zijn eigen nagels, hoe die aangroeiden. De tijd kon hij wel tot zich nemen, maar de langzaamheid niet. Daarom las de mens de kranten, om zich op te blazen met de gebeurtenissen en de tijd. Maar de langzaamheid was oneindig veel taaier en sterker dan de tijd, de tijd was snel afgelopen, maar de langzaamheid liep bijna nooit af. In de langzaamheid viel zo goed als alles samen. De tijd was als de muggen en de knijtjes, de langzaamheid was een groot stuk rundvee dat lag te herkauwen. De mens die zich verslingerde aan de tijd had na afloop geen verleden maar alleen verdamping en verspilling en verbranding. En zonder verleden was de mens niets dan een windvlaag. Een plichtsgetrouw en langzaam doorleefd verleden, dat was het enige ruwe materiaal waar een solide mens van gemaakt kon worden.

Waarschijnlijk vroeg hij op deze manier naar haar verleden.

Ik heb de krant verbrand, zei ze. Ik heb hem in het fornuis gegooid.

En hij tilde zijn arm op en strekte zijn hand uit alsof hij haar wilde aanraken.

Er is geen mens die niet terecht kan komen, zei hij.

Meestal lag hij met zijn armen over zijn buik gekruist, als om zijn pijnen te omvatten. Over het algemeen zweeg hij, soms mompelde hij kuchend wat woorden, hij scheen nooit een antwoord te verwachten, er waren geen antwoorden. Hij kon zeggen: 's Winters wonen de vliegen in de koeienpoep en daar houden ze het uit. Of: Jij zou me kunnen helpen door Olof dood te slaan. Of: Nu voelde ik hoe hij zijn tanden in een nieuwe darm zette.

Wie? vroeg ze toen.

De kanker.

Of: Zou Olof wel genoeg brandhout hebben?

Een van de eerste dagen, misschien de derde, maar het kan net zo goed de zevende of de tiende geweest zijn, zei hij: De pop die ik had, die zal wel door het rot zijn aangevreten.

Welke pop? zei ze.

De houten pop. De pop die uit een berkenknoest gesneden was. De pop die beschilderd was met okergeel en lichtblauw en zinkwit, de pop met een rood lintje onder haar kin. Ze was zo natuurgetrouw als de mensenhand en de vingers. De pop die ik had toen ik klein was.

Toen je klein was? zei ze. Toen je een kind was?

Ja, hij had een kindertijd gehad, het kon onwaarschijnlijk lijken maar toch was het zo, ver terug maar wel een kindertijd.

Hij had die tijd in grote trekken met Olof gedeeld, ze waren beiden tenger van leden geweest en ze hadden kinderlijke gedachten gehad en met de houten pijltjes op de eekhoorns gejaagd.

En in die kinderjaren, voorzover hij zich kon herinneren van het begin tot het einde, was de houten pop van hem geweest, de grootvader had haar gesneden, ze had onder zijn kiel gelegen als hij in het bos of aan het meer was, ze had geluisterd als hij floot en praatte, ze had 's nachts in zijn bed geslapen, ze had hem nader gestaan dan welk ander levend wezen ook. En nadat Olof de tanden had gekregen en had leren lopen was er een paard voor hem getimmerd, voor Olof, zodat hij de pop niet kon stelen en er geen vormeloze klomp uit zou kunnen snijden.

Ja, als hij aan zijn kinderjaren dacht was het de pop waaraan hij dacht, hoe mooi ze was en hoe zacht in de hand en trouw jegens hem en begerenswaardig voor Olof en warm als je haar tegen je aan drukte onder het dekbed of de vacht.

Een houten pop?

Ja, een houten pop.

Maar op de dag dat de grootvader was teruggevonden, de grootvader en de afgeknaagde hondenbotten, de sporen van de tanden waren het duidelijkst te zien geweest op de schedel en de ribben, op die dag had hij besloten dat het wat hem betrof maar uit moest zijn met de kinderjaren, op den duur had de kinderachtigheid van de kindertijd afkeer bij hem gewekt, en hij was onder de koeienstal gekropen, tot helemaal achter het sloophout van de afgebroken schaapskooi die stond op de plek waar Olofs huis later gebouwd zou worden, en daar had hij de pop op een platte steen gelegd en haar voor de laatste keer over haar buik geaaid.

Als iemand daar eens heen kon kruipen, zei hij, als er nu eens iemand was die de moed kon opbrengen onder de koeienstal te kruipen en daar grondig te zoeken, dan kon de pop misschien teruggevonden worden, de pop die daar zijn hele leven had gelegen, als Olof haar tenminste niet veel eerder had gevonden en geschonden en opgebrand in het houtfornuis. Hij had het telkens weer gedacht, ja hij had het onafgebroken gedacht vanaf het ogenblik dat die ergerlijke ziekte hem te pakken had gekregen en aan het knagen was gegaan: Dat als hij tenminste de pop maar had gehad.

Kruipend op haar knieën en ellebogen vond ze ten slotte de platte steen, terwijl ze voor zich uit tastte schaafde ze haar vingertoppen stuk aan steentjes en splinters, en op de platte steen lag een stuk hout, bedekt met stof en spinrag. En ze stopte het onder haar jas en nam het mee het licht in.

Ja, het kon een pop geweest zijn, voordat de verf was

afgebladderd en bijna alle oneffenheden weggesleten waren, had het echt wel een pop kunnen zijn, misschien zelfs met een hoofd en armen en schouders en voeten.

Hadar zat overeind op de bank, hij greep het stuk hout dadelijk met beide handen beet en hield het voor zich omhoog, zijn kin was omlaag gezakt zodat de rimpels in zijn gezicht bijna waren uitgewist, er sijpelde spuug uit zijn mondhoeken. Het leek of er te weinig lucht was toen hij ten slotte probeerde iets te zeggen.

Ja, ze was het echt, het was zijn pop, Olof had haar niet gevonden en het rot had haar niet aangevreten, hij had de enige juiste platte steen voor haar uitgezocht, zelfs toen al was zijn listigheid veel groter geweest dan die van Olof. Het was merkwaardig, ja, het was een wonder dat ze op deze wijze voor hem bewaard was gebleven, zo onaangevreten en maagdelijk, het was alsof ze uit de dood was opgestaan, hier moest een verborgen bedoeling achter zitten. Moet je kijken, zei hij, hoe ze als het ware glimlacht met haar ogen en hoe fris van kleur ze is in haar gezicht en hoe fijn de kniegewrichten en de voeten zijn uitgesneden!

Ja, zei ze, het is buitengewoon.

Mag ik haar 's nachts bij me hebben? vroeg hij.

Dat moet je mij niet vragen, zei ze.

Aan wie moet ik het dan vragen, zei hij.

Wat later vertelde ze het aan Olof. Hadar had zijn pop teruggekregen, zei ze, de houten pop die hij als kind had.

Dat is niet mogelijk, zei Olof. Hij zei dat hij haar aan een steen had vastgebonden en in het meer had gegooid.

Olof had last van hoestbuien gekregen. Waarschijnlijk zou hij middenin zo'n aanval sterven.

Ze lag onder de koeienstal, zei ze. Op een platte steen.

Wat een geniepigerd, zci hij. En ik maar zoeken! En ik maar zoeken!

Maar daarna wilde Olof over iets anders praten, dat scheen noodzakelijk te zijn. En je schrijft? zei hij. Je bent bezig aan dat boek. Je hebt niet alleen Hadar maar ook het boek.

Ze zou gauw vertrekken, daar herinnerde ze hem aan, maar ze kon nog wel even blijven, terwijl ze bleef was ze eigenlijk ook op weg als hij begreep wat ze bedoelde. Ja, ze schreef en ze had Hadar en noch het een noch het ander was bepaald problematisch voor haar. Ze schreef elke avond een tijdje, vroeger had ze het 's morgens gedaan, nu schreef ze 's avonds, het was heel natuurlijk voor haar. Je koos een onderwerp uit. Je kon bij elk onderwerp alles wel betrekken. Hier in het Noorden voelde ze zich aardig thuis, ze ervoer, zo zei ze, een moeilijk verklaarbare verbondenheid met zijn, Olofs, en zijn broer Hadars gemeenschappelijke onderneming, de wedkamp van de doelloze levensverlenging, waarin ze op de een of andere manier een artistiek element bespeurde, omdat hij iets anders voorstelde, en op een bepaalde manier overeenkwam met haar eigen strevingen. Ja, ze had het naar haar zin. De dodelijke maar tegelijk dwaze ernst, het samengaan van toewijding en verregaande berusting, dat waren precies de dingen die haar het gevoel konden geven er voor een tijdje bij te horen. Ze had altijd geprobeerd te vermijden de waarde van haar eigen leven te overschatten en het daardoor al te rigoureus uit te buiten. Ze was geen belangrijk schrijver, had dat ook nooit willen zijn, ze schreef alleen maar.

Hij keek haar onafgebroken aan, door de vergeefse inspanning om te vertolken en te begrijpen wat ze zei leek het wel of het vet onder zijn gezichtshuid stolde. Ik zou zo'n boek kunnen lezen dat jij geschreven hebt, zei hij.

Maar dat moest ze hem toch werkelijk afraden. Nee, hij deed er het verstandigst aan zijn geestkracht niet aan lezen of andere ijdelheden te verspillen, dat zou Hadar ook vast nooit doen. En hij behoorde van nature niet tot haar lezers, de mensen die haar boeken lazen deden dat niet doelbewust of nauwgezet zoals hij dat zou doen, haar lezers wisten eigenlijk niets van wat ze ondernamen, net als ze in de grond van de zaak niets van het leven wisten, ze woonden in steden in het Zuiden en het lezen was niets anders dan een van hun slappe gewoontes, eerlijk gezegd wist ze niets van hen. Ze begreep hen niet. Ze kregen gewoon toevallig een van haar boeken in handen, net zoals zij toevallig het een of andere onderwerp in handen kreeg.

Net op die dag at hij kletskoppen en donkerrode jam uit een vierkante glazen pot. Maar waarom, zei ze, waarom praten we hierover?

We praten over die pop, hielp Olof haar herinneren. Die pop van hem, van Hadar.

Het gaat goed met Olof, zei ze tegen Hadar. Hij wordt met de dag sterker. Hij kan nog heel wat jaren leven.

De ene dag zeg je dat hij verzorgd moet worden, zei Hadar. En de volgende dag beweer je dat hij zo gezond is als een vis.

Als hij moest opstaan van de bank wilde hij nu altijd dat ze hem ondersteunde, hij strekte zijn handpalmen naar haar uit alsof hij zich te weer stelde en haar probeerde af te stoten terwijl hij tegelijk om hulp vroeg.

Zo is het hart, zei hij. Maar voor je het weet slaat het op hol en barst het. Het hart is als een tijdbom.

Ze had de emmer aan het voeteneinde van de bank gezet. Zittend op de emmer zei hij: Bij de kanker heerst orde en regelmaat. Die slooft en slaaft en doet wat hem te doen staat en je weet wat je aan hem hebt. Het is geen toeval dat hij met dat hart zit en ik met de kanker. Olof is altijd onberekenbaar en trouweloos geweest, het kon niet anders dan dat hij het aan zijn hart zou krijgen.

Er was iets gebeurd met zijn lucht, ze rook er niets meer van. Als ze 's morgens bij hem beneden kwam kon ze er vaag en vluchtig aan herinnerd worden, maar ze werd er niet meer door gekweld, het was alleen nog een herinnering.

Toen hij wat later weer op de bank lag, zei Hadar: En er gebeuren wonderen, dat weten we, er gebeuren wonderen. Mensen staan op uit de dood en de reptielen kunnen vleugels krijgen en wegvliegen. De kanker, die kan wegsmelten als een ijsklont die je onder je hemd hebt gekregen.

Geloof je dat echt? zei ze.

Het is het enige dat je zeker kunt weten, zei hij. Er is niets in de wereld dat vaststaat, alleen dat er wonderen gebeuren.

Zelfs de lucht uit de emmer hinderde haar niet meer, ze sjouwde hem naar buiten en leegde hem in de sneeuw onder het huis.

Maar toen ze het tegen hem zei, ze zei dat zijn lucht haar in het begin gehinderd had, ze gebruikte zelfs het woord stank, en dat ze daarom zijn kleren en hemzelf zo zorgvuldig had gewassen, maar dat zijn eigenaardige lucht nu was weggedreven of uitgewist, toen zei hij: Ik ruik net als eerst, ik ruik elke dag doordringender, het is een afschuwelijke kwelling voor me. Maar uit fijngevoeligheid heb ik niets willen zeggen.

Vanuit Hadars raam hield ze de schoorsteen en de rooksignalen van Olof in de gaten, toen de kou toenam werd de rook lichter en dunner en steeg hij ononderbroken omhoog, de paar dagen dat het dooide was hij donkerder en onregelmatiger, af en toe verdween hij helemaal. Bijna al haar vrije tijd besteedde ze aan de veelbetekenende en indrukwekkende rook. Terwijl ze met Hadar praatte of luisterde naar zijn gesteun of gesnurk was haar blik op de rook gericht. Ze hield het pad tussen de huizen open, zodra het nodig was kon ze in minder dan een minuut naar beneden hollen.

Soms zei Hadar: Maar je bent hier toch niet voor hem naartoe gehaald!

Als hij sliep, dat was tijdens de ogenblikken dat hij verdoofd was door de pijnstillende middelen, kon ze bij Olof zitten. Het was onbegrijpelijk dat Hadar nog maar een paar dagen, of een paar weken of zoiets als een maand geleden met zijn auto het dorp in was gereden en haar gehaald had en dat hij het had opgebracht naar haar lezing te luisteren zonder het bewustzijn te verliezen en zonder een kik te geven.

Op een dag kon ze het niet laten tegen Olof te zeggen: Het is weinig mensen vergund tot op het eind iets te hebben om voor te leven en zo van het leven te genieten als jij, zoals jij van die dropveters geniet.

Ik geniet niet, zei hij. Ik houd me in leven.

Nee, met zoiets oppervlakkigs en schaamteloos als het genot hield hij zich werkelijk niet bezig, dat had hij nooit gedaan, in zijn leven was geen plaats voor het banale en alledaagse van lichamelijk genot, om maar niet te spreken van geestelijk genot, nee hij leefde louter en alleen voor Hadar, of liever gezegd voor zichzelf, maar in relatie tot Hadar. Hij zou wanhopig worden als hij zou merken dat iets van genot of welbehagen of wat dan ook hem nog een extra reden zou geven om in leven te willen blijven. Hij zou nooit zoiets willen hebben als die houten pop van Hadar. Genot kan hoogstens tot zoiets belachelijks en tijdelijks leiden als bevrediging. Hij was zielsgelukkig dat zijn leven zo simpel was als het was, dat het maar één doel had, die eenvoud paste bij hem. Het was gevaarlijk te veel verschillende dingen in je leven na te streven, naast die enige, ja, zelfs unieke bestemming zou alles zinloos zijn, en dat was ook zo.

Hij wilde voorzover het hemzelf betrof graag verwijzen naar de bomen, de sparren maar vooral de dennen, en hoe die hun levens leefden en zich handhaafden.

Zelfs als hij sprak was hij niet in staat om overeind te komen, zijn gespannen ademhaling deed hem nog meer opzwellen en uitdijen, zijn wangen en de vetkwabben onder zijn kin trilden en beefden.

De bomen, maakte hij haar duidelijk, hadden één doel in het leven, ze moesten overeind staan, meer was er niet aan de hand met de bomen. Overeind blijven staan, daar ging het om bij elke boom, zowel de wortels als de kruin waren tot in de kleinste vezel bezield door dit enige doel, het geheel niet omver te laten vallen. Ja, hij wilde zichzelf als een boom zien, een statige den hier op de berg.

Ja, zei ze, ik begrijp het. Ik begrijp hoe jij denkt.

Hij zweeg een tijdje voordat hij zijn uiteenzetting voltooide, hij zakte in elkaar en dijde nog meer uit naar beide kanten.

Als ze soms dacht dat hij genotzuchtig was, dan had ze het grondig mis. Hier in het Noorden waren vrijwel geen genotzuchtige mensen te vinden, dat durfde hij te beweren, genotzoekers hielden zich zonder meer ver van de kou en de schrale grond. In Zuid-Zweden had je genotzuchtige mensen, ja zelfs wellustelingen, maar hier niet. Dat betekende echter niet dat hij geheel onbekend was met het genot, dat hij totaal niet wist wat het genot was, nee dat moest ze niet denken.

En ze vroeg hem te vertellen wat hij wist van het genot.

Het was in zijn vroege kinderjaren, het was een herinnering die hem door het leven heen gevolgd had en meer dan dat, het was een herinnering die zijn leven had gestuurd en hem misschien wel had beheerst.

Hij had een grootvader gehad die de hommelnesten verzamelde. De grootvader zocht de nesten met zijn hond, en de hommelhoning perste hij zo in een kruik in zijn rugzak. Ten slotte verdwaalde hij in de bossen en na verloop van tijd werden de resten opgevist uit een put bij een verlaten erf. Maar in de provisiekast in de keuken had hij een glazen pot nagelaten, een kleine glazen pot met de hommelhoning, achter de haringvaatjes en de flessen met het kreuzensap en de potten met de bessen, een glazen pot met een houten deksel, en niemand herinnerde zich de glazen pot of wist ervan. Hij die nog maar een klein kind was, Olof, die overal in kon kruipen en onzichtbaar kon zijn, hij kroop onder de onderste plank de provisiekast in en vond de glazen pot. En hij wist het houten deksel los te wringen en hij graaide met zijn vingers in de hommelhoning en begon te likken en te eten.

Zo kreeg hij voor het eerst van zijn leven het zuivere zoet te proeven, het was een zoetheid die niet met iets anders was vermengd maar alleen zichzelf was, een zoetere smaak was niet denkbaar. De honing drong tot in zijn hele wezen door en bracht hem in een toestand van gelukzaligheid en verrukking, het was het ogenblik van het volmaakte genot, en de hele rest van zijn leven had hij onafgebroken maar hoofdzakelijk tevergeefs geprobeerd dat ogenblik en die toestand terug te roepen. Toen hij de glazen pot zo schoon had gelikt dat die eruitzag alsof hij was afgewassen in bronwater en toen hij de haringvaatjes en de kruiken en de flessen opzij had geschoven en weer de vloer op kroop, toen was hij niet meer dezelfde als daarvoor.

Maar genot, zei hij, nee genot is toch niet het juiste woord, hoe spreek je het onuitsprekelijke uit? Als ik het juiste woord wist zou ik het noemen.

Nu zal Hadar wel wakker zijn, zei ze. Als hij wakker wordt roept hij me.

Is hij je al aan het kerven met het mes? zei Olof.

Zo iemand is Hadar niet, zei ze. Meestal slaapt hij. En hij stinkt niet meer. De stank, zei ze, was eigenlijk het enige aan Hadar dat moeilijk te verdragen was.

Waar ben je! riep Hadar inderdaad. Waar ben je?

Hier ben ik, zei ze.

Hij zat op de bank met zijn rug naar het raam, met de stijve vingers van zijn rechterhand probeerde hij leven te wrijven in zijn verdoofde, vergeelde gezicht.

Als je weg bent word ik ongerust, zei hij. Je weet immers nooit.

Ik ga waarheen ik wil, zei ze. Ik kan vertrekken wanneer ik daar zin in krijg.

Je gaat toch niet naar Olof, zei hij. Je kunt nooit weten wat hij doet. Ik ben mijn hele leven bang voor hem geweest.

Ze ging aan tafel zitten. Olof zegt dat je zijn vrouw kerfde, zijn Minna, met het mes, zei ze. Ze deed net of ze de sneeuwhopen bekeek.

Zijn Minna? zei Hadar. Olofs Minna? Zegt hij dat?

Minna was zijn vrouw, zei ze. En hij zegt dat jij haar kerfde met het mes.

Hadar balde zijn vuist en liet die op zijn dijbeen vallen. Ze was niet van hem, zei hij. Olof heeft nooit geweten wat het wil zeggen ergens zorg voor te dragen, zich iets toe-eigenen, dat kon hij, maar ergens zorg voor dragen niet. Ergens zorg voor dragen, dat is mannenwerk.

Waarom zou Olof leugens vertellen? zei ze. Met die hartkwaal en die kortademigheid van hem, waarom zou hij liegen?

Wij zijn zoals we zijn, zei Hadar, zoals we geschapen zijn, zoals we elkaar geschapen hebben, Olof zegt nu eens dit en dan weer dat, hij praat, de weinige kracht die hij gehad heeft zat in zijn waffel. Ik praat nooit, ik hou mijn bek, God zegene mij.

Nee, over Minna wilde hij niet praten, de vrouw van Olof. Ik heb honger, zei hij. Waarom krijg ik het spek niet en de grutten en de koolraap?

Hij had bijna altijd honger. Maar hij braakte het meeste weer uit dat ze voor hem klaarmaakte, het enige dat hij nog binnen kon houden was pap, vooral lammetjespap.

Nu herinnerde hij zich een gesprek dat ze een keer in hun jeugd hadden gehad, hij en Olof, in de tijd dat ze met elkaar spraken, hij herinnerde het zich woordelijk. Het was na de dood van hun moeder, toen ze haar hadden begraven.

Ze was een goed mens, had een van hen gezegd. En de ander had geantwoord: Niks van waar!

Ze aaide ons over ons hoofd en blies onze pijn weg en ze sloeg ons nooit. En ze kleedde ons 's morgens aan zodat we niet dood zouden vriezen. Ze wilde dat we gelukkig zouden zijn, ze smeerde de stroop op onze pap.

Dat hebben ze in alle tijden gedaan, ze hebben altijd iets op de gerstepap voor de kinderen gesmeerd, anders hadden ze hem aan de zwijnen moeten geven.

En ze schonk ons het leven.

Ze moest wel, ze kon niet eeuwig zwanger blijven.

En ze speelde voor ons op de citer en ze zong, en ze maakte de sommen uit het rekenboek voor ons. En ze naaide de voetbal voor ons uit de leren zak van grootvader. Het was niets dan goedheid!

Een mens kan niet goed zijn. De goedheid is samengesteld uit een oneindig aantal bestanddelen. Niemand kan ze allemaal in zich hebben.

Wie van jullie zei dat? vroeg ze.

Dat moet ik toch wel geweest zijn, zei Hadar. Ja, ik was het.

En hij betreurde het dat hij niet meteen had kunnen zeggen wie het een had gezegd en wie het ander, tussen broers waren de gekste verwisselingen mogelijk. Maar nu herinnerde hij zich zelfs dat het Olof was die daarna zei: Jij hebt nooit van de goedheid gehouden! Voor jou is de goedheid alleen maar belachelijk. Jij hebt de goedheid altijd bespot. En nu wil je zelfs moeder de goedheid niet gunnen!

En terwijl Olof dat zei had hij op Hadar gespuugd.

Ze was net als alle anderen, had Hadar gezegd. Er was niets bijzonders aan haar.

Toen had Olof hem met zijn vuist in zijn maag gestompt, precies daar waar de kanker zich nu genesteld had, en geroepen: Je moet je moeder eren, anders kom je in de hel! En de goedheid is geen mengelmoes van het een en het ander, het goede is goed in zichzelf en het heeft goede gevolgen! Als jij iets anders zegt dan sla ik je met dit fietsstuur tot je wel beter weet!

Hij had werkelijk een fietsstuur in zijn ene hand gehad, nu zwaaide hij ermee door de lucht. En Hadar had een paar stappen naar achteren gedaan en gezegd: Er is niks dat zuiver is en onvermengd, alles is troebel en besmet, als de zuivere goedheid zou bestaan dan zou je hem onmogelijk kunnen zien, hij zou als de lege lucht zijn!

Toen had Olof zich bovenop hem geworpen met het fietsstuur, het was een vernikkeld fietsstuur waar de bel nog aan zat.

Moeder was goed! had hij geroepen. Wij hebben onze eigen goedheid van haar. Moeder was zuiver en onbesmet. En de goedheid zal altijd zegevieren! Als wij de goedheid niet hebben dan zijn we verloren en deugen we nergens voor! Prent dat maar voor eeuwig in je hoofd!

En hij had Hadar op zijn armen geslagen en op zijn benen en zijn enkels, ja, zelfs op zijn achterhoofd en op zijn knieschijven en ribben en hals, en de bel had de hele tijd gerinkeld.

Daar eindigde het verhaal van Hadar over het gesprek dat hij zich woordelijk herinnerde.

Ja? zei ze. En toen?

Nee, meer kon hij zich niet te binnen brengen, er kwam niets na, zo was het geheugen, het begon altijd zomaar opeens en het eindigde zomaar opeens, het was als het balderen van de auerhaan of het tijdsein op de radio, alle herinneringen waren aan beide kanten recht afgehakt.

En juist deze herinnering had hij af en toe voor zichzelf opgehaald om hem goed in zijn geheugen te prenten.

Terwille van Olof, zei hij. Het was immers wat Olof had gezegd en gewild.

Die nacht werd ze wakker doordat er iets tegen haar schedel en voorhoofd drukte, ze lag op haar rug met haar handen over haar borst gevouwen. Wat lager op het dekbed lag het boek waarin ze had gelezen voordat ze in slaap viel. *Legenda aurea.*

Het was Hadar, hij hield zijn hand op haar hoofd, ondanks het donker probeerde hij haar te zien.

Jij slaapt, jij wel, zei hij. Ja, jij kan slapen.

Hoe ben je hier gekomen? zei ze.

Lopend, zei hij, ik ben de trap opgelopen.

Je valt straks nog dood als je weer naar beneden gaat, zei ze. Dan lig je als een hoop botten in de vestibule.

Ik moet vertellen hoe het zat met Minna, zei hij. Jij

moet weten hoe we het hadden. Hoe ik het met Minna had en waarom ik gedwongen werd haar de krasjes met het mes te geven.

Ze ontwaakte altijd langzaam, vaak lag ze na het wakker worden wel een halfuur stil met open ogen. Hij drukte op haar voorhoofd en haar slapen alsof hij wilde voelen of ze koorts had. Voorzichtig tilde ze zijn hand weg.

Minna? zei ze. Welke Minna?

Olofs vrouw, zei Hadar. De vrouw met wie Olof trouwde.

Had Olof niets over Minna gezegd, had hij haar de foto niet laten zien en had hij niet gepraat over het eten dat ze altijd kookte?

Nee, hij heeft niets gezegd.

Ja, maar zo was het, ze was werkelijk met Olof meegekomen, ze had hem uit vrije wil uit Risliden gevolgd waar hij haar gevonden had, en ze had zich met hem laten trouwen. Ze was jong geweest en Olof was jong geweest en hij, Hadar, was ook jong geweest. Mooi had ze er niet uitgezien, nee, niet als een schoonheid, maar ze was gezond en goedgebouwd en als hij nu op een nacht als deze aan haar dacht was haar wezen als geheel zowel innemend als begerenswaard, ze rook altijd naar de zeep.

Ze was blond, nee, niet alleen blond, maar lichtblond of liever gezegd wit, ze had witte haren en wenkbrauwen en ook haar wimpers waren wit, het beetje kleur dat ze had zat in haar ogen en haar lippen en aan de randen van haar nagels en in het bloed dat door haar huid heen te zien was.

Er bestaat een woord voor, zei hij.

Ja, zei ze. Het heeft een naam.

Zo wit was ze, dat als hij nu bij haar op de rand van het bed had gezeten, dan was ze bijna net zo duidelijk te zien geweest als overdag. Zo iemand was Minna.

Hij had zich er nooit mee bemoeid. Het ging hem niet

aan. Olof had een vrouw in huis gehaald, meer niet. Olof had behoefte gehad aan een vrouw, daarom was hij vertrokken, helemaal naar Risliden was hij gegaan en daar had hij er blijkbaar een gevonden.

En het gebeurde weleens dat ze bij hem kwam, bij Hadar, om het zoute spek te proeven. Voor Olof mocht ze nooit iets anders klaarmaken dan eierkoek en bosbessenpap en griesmeelpudding en kreuzensap en pannenkoeken met vanillesuiker; ze had bijna de tranen in haar stem gehad, ze kwam dus als Olof in het bos was of beneden op het meer, ze ging op de stoel vlak bij de deur zitten en begon te praten, haar stem paste bij dat witte haar en die wenkbrauwen, hij was bleek en dun, om niet te zeggen klaaglijk, maar tegelijk mooi, hij was als de stem van een vogel.

Ze had gezegd dat het eenzaam was hier in dit dorp dat maar uit twee kleine huizen en een paar schuren bestond en dat ze naar huis verlangde, naar Risliden. Of eigenlijk niet naar Risliden maar naar het zoute spek in Risliden.

Het moest dik gesneden worden en het zwoerd moest eraan blijven zitten en het moest langzaam gebakken worden zodat het vet licht en smakelijk bleef en vermengd kon worden met de geprakte aardappel. Als ze had geweten dat ze het zout zou moeten missen, dat er geen zout meer zou zijn in haar leven, dan had Olof haar nooit kunnen lokken en overhalen. Thuis in Risliden had ze zich nooit een leven kunnen voorstellen zonder het zoute spek. Maar ze was er niet opgekomen Olof naar het zoute spek te vragen, en nu was alles te laat.

Hadar steunde zijn bovenlichaam tegen het bed, hij boog zich over haar heen zodat hij er zeker van kon zijn dat ze alles hoorde. Ze onderbrak hem, ze vroeg: Was ze achterlijk? Was Minna zwakzinnig?

O nee, ze was in ongebruikelijk hoge mate een denkend mens, ze dacht rijker en beter dan alle andere mensen die hij had ontmoet, dat werd immers ook bewezen door haar gedachten over het zoute spek.

En ze was ook in staat geweest te vertellen hoe zij dacht over het zoete eten, ja over de zoete gewaarwording en de ervaring zelf: de eerste happen waren zoals ze hoorden te zijn, noch beter noch slechter dan andere happen, ze waren zoals ieder godsgeschenk, maar na nog een mondvol kwam plotseling een heerlijke verzadiging, je dacht: nu heb ik precies wat ik nodig had, je voelde hoe de zoetheid je bijna als een soort roes naar het hoofd steeg. En daarna diende zich bij de tiende of vijftiende hap de oververzadiging aan, het was opeens onmogelijk om nog een lepel of een brok of een kruimel naar binnen te proppen, en ten slotte leidde de oververzadiging tot bedenkingen en kwellingen en walging.

Zodoende was het zoete wel machtig, maar kon het op den duur de honger van de mens niet stillen.

Zo had Minna het gezegd.

En als je zo kunt praten dan ben je niet zwakzinnig.

Nadat ze het spek en de aardappels hadden gegeten, ze hadden zij aan zij voor het fornuis gestaan en de aardappels gekookt en het spek gebakken, daarna had hij omgang met haar gehad, of beter gezegd: daarna hadden ze omgang met elkaar gehad, hij, Hadar en zij, Minna.

Olof had nog steeds in de boot op het meer gezeten of hij was in het bos met de bijl en de zaag, wat Olof ook ondernam, hij had altijd meer tijd nodig dan voor redelijk doorging, want ook het suikervet was toen al bij hem aan het groeien en drukte zwaar op hem.

Ze hadden omgang met elkaar gehad op een gewatteerd dekbed dat hij op de grond had uitgespreid tussen de tafel en de bank. Ze hadden het dekbed samen uitgespreid.

Nu onderbrak ze hem opnieuw.

Maar waarom, zei ze, waarom moest je haar kerven met het mes?

Het was geen kerven, zei Hadar. Het waren alleen krasjes die ik haar gaf. En hij bewoog zijn hand voor haar gezicht heen en weer in de lucht om haar het verschil te laten zien tussen kerven en krassen.

Na een tijdje was ze dus weer teruggekomen, wie kan leven zonder het zoute spek of de verse aardappelen die je in het grove zout doopt of de zoute haring die een uur in het water heeft gelegen, en alles was opnieuw gebeurd, ze hadden naast elkaar gestaan in de hitte van het fornuis, ze hadden gegeten, ze hadden het dekbed uitgespreid. Ze hadden gemeenschappelijk genoten van de kracht en de vreugde die het zoute voedsel hun geschonken had.

En hij had ingezien dat alles zich zou herhalen, alles begint steeds weer bij het begin, de rivieren ledigen zich onophoudelijk in de zee en toch raakt de zee nooit vol, ze zou bij hem terugkomen zodat ze het dekbed uit konden spreiden en Olof zou in de boot op het meer zitten of in het bos zijn, en ze zouden elke keer precies hetzelfde doen.

En hij had gevreesd dat er chaos en verwarring in zijn geheugen zou ontstaan, er was niets waar hij banger voor was dan dat zijn geheugen werd beneveld. Om de tel niet kwijt te raken had hij dus heel voorzichtig twee krasjes gezet aan de binnenkant van haar dij.

Zo ging het immers ook bij de jagers, nooit zou er een de eerste keer vergeten dat hij een dier geveld had, maar al na het tweede stuk wild maakte hij twee inkervingen in zijn geweerkolf, een voor de onvergetelijke gebeurtenis en een voor de volgende, en zo ging hij door tot zijn handen te beverig waren en zijn ogen te slecht om nog te jagen.

Het was immers zo eenvoudig. En pijnloos. Er bestond geen scherper jachtmes dan het zijne, het ging met zijn eigen gewicht door een zij spek heen, hij had met dat mes zonder verdoving keelamandelen en blindedarmen weg kunnen halen.

Die onbetekenende afdrukjes in haar huid waren na verloop van tijd of liever gezegd in een ommezien genezen, Minna had namelijk goed helend vlees, zoals je dat ziet bij gezonde en sterke families, en toen hij later omgang met haar had, toen ze later omgang met elkaar hadden, kon hij de littekens met zijn vingertoppen tellen, hij herinnerde zich ook duidelijk dat zij vaak, ja altijd, zijn hand naar de littekens gestuurd en verplaatst had, de vingertoppen van zijn rechterhand, ook zij was bang geweest dat hij de tel kwijt zou raken.

Zo was het gegaan met die merkjes in de huid aan de binnenkant van haar dijen. Ja, zo was het gegaan met zijn en haar schrammetjes, de kleine wondjes die een van hen de ander had toegebracht, hij en Minna.

Hij wilde dat ze dat zou weten.

Nu was hij zo moe dat hij zelfs zijn wang op haar kussen legde, ze ging overeind zitten en tilde hem voorzichtig weg.

Je moet gaan slapen, zei ze. Je mag overdag met me praten wanneer je wilt, ik zal naar je luisteren, je kan alles vertellen, we hebben alle tijd van de wereld.

Behoefte aan praten heb je 's nachts, zei Hadar.

Ik zal je de trap af helpen, zei ze, ik zal je ondersteunen. Morgen kan je alles zeggen wat je zeggen wilt, wat er ook maar bij je opkomt.

Maar toen het wat later dag werd zweeg hij, hij lag met gesloten ogen om haar niet in de verleiding te brengen iets tegen hem te zeggen, zelfs terwijl ze hem lammetjespap en stukjes beschuit voerde hield hij ze dicht.

Nee, ze wilden haar nooit iets vertellen over hun levens, Hadar en Olof, ze verlangde ook niet van hen dat ze dat zouden doen.

Maar het kwam voor dat ze in de kantlijn van haar schrift het een en ander aantekende dat veel voor hen betekend moest hebben. In de tijd dat ze om zo te zeggen leefden.

Koeien, schreef ze. Schapen en varkens. Paarden. Boomstammen. Het weer.

Een keer schreef ze: Olof gaat bijna dood.

Een paar bladzijden verderop noteerde ze: Nu is Hadar stervende.

En alsof Hadar de kleine aantekening in de kantlijn had gezien en die had willen verduidelijken door er nog wat meer woorden aan te wijden, zei hij op een avond iets over het eigenaardige van zijn situatie. Ook het doodgaan was een manier van leven, verzekerde hij, het was de hoogste graad van leven, een toegespitst bestaan waarin eigenlijk niets zich meer liet zeggen of tonen, je bent, meer dan dat was het niet, je deed alleen je uiterste best het leven te behouden zodat het niet eeuwig onafgesloten zou blijven, als de stervende praatte was het niet om iets speciaals te willen zeggen, maar alleen om de tijd te verdrijven.

Zijn vader had boven in haar kamertje gelegen en gepraat. Soms had hij, Hadar, tijd genomen om er te zitten luisteren. Het was in grote trekken zinloos geweest. Er was niets gezegd dat hij niet al duizendmaal gehoord had. Het laatste waarover zijn vader had gesproken was de hekpaal bij de stellage voor de melkbussen die twee voet naar rechts verplaatst moest worden. De hekopening was veel te nauw als er hout doorheen gereden moest worden, vooral als het de lange kromme berkenstammen waren van de berg Handske.

Het verhaal over Christoffel werd steeds vrijer, ze had geen bronnen. Een heel hoofdstuk wijdde ze aan zijn hondenkop, of eigenlijk aan de dwaze voorstelling dat zijn hoofd op de kop van een schnautzer geleken zou hebben, dat hij als een hond zou hebben gejankt als hij werd aangesproken en eenzame zweivers in hun strot of benen had gebeten als hij geprikkeld werd; die versiering van de legende was in de tiende eeuw op Duits grondgebied ontstaan en liet alleen het verschil zien tussen de oosterse en de Duitse gedachte, ze gebruikte woorden als profanatie en verruwing. De hagiografie is de meest vrije van alle kunsten, schreef ze. Misschien heeft hij een zekere gelijkenis gehad met een Berner Sennenhund, verder wilde ze echt niet gaan.

En ze verzon een bisschop die Christoffel onderricht gaf en zijn begeleider werd, hij kookte soep voor hem en waste zijn kleren en noteerde alle wonderen die in zijn naaste omgeving gebeurden, hij zou er later van getuigen in het canonisatieproces. Hadar en Olof vroegen niet meer naar het boek dat ze aan het schrijven was, ze waren niet langer nieuwsgierig, ze hadden alles begrepen over dat boek, ze waren te moe.

En ze schreef een brief aan haar uitgever. Als ze in de gelegenheid was zou ze hem posten.

Ik ben hier een paar dagen gebleven, schreef ze, in een dorpje dat Övreberg heet, ik huur een zolderkamer onder een dak met gebroken kap. Je moet niet teleurgesteld zijn als mijn boek tegen het voorjaar niet af is. Teleurgesteld is natuurlijk een verkeerd woord, mijn boeken zijn bepaald geen vetpot voor de uitgeverij. Maar je begrijpt wel wat ik bedoel. Het lukt me niet zo eenvoudig en zakelijk te schrijven als ik van plan was, je zult het niet uit kunnen geven in de kleine reeks losse biografieën. Je hoeft geen geld te sturen, ik red me wel.

Mijn huisbaas is een heer op leeftijd met een schat aan levenservaring van zeer gevarieerde inhoud. Hij tobt met zijn gezondheid. Ik beleef veel genoegen aan zijn verhalen. Het is nogal koud hier in het Noorden, kouder dan ik

74

had gedacht. Ik zou willen dat ik wollen ondergoed had meegenomen. Zodra ik een enigszins vast adres heb zal ik je daarvan op de hoogte stellen.

Op een dag probeerde ze met Olof te praten over de vrouw met wie hij getrouwd was geweest.

Hij kerfde haar niet met het mes, zei ze, Hadar kerfde niet in Minna, hij gaf haar alleen kleine krasjes met het mes.

Ook Olof lag de laatste tijd dag en nacht onbeweeglijk op de bank, hij ging niet zitten als ze kwam, hij bracht het niet eens op zijn hoofd om te draaien als ze de deur opendeed en binnenliep. Elke dag zette ze voor hem neer wat hij nodig had, de verpakkingen met voedingsmiddelen op de stoel bij het hoofdeinde, de geëmailleerde emmer aan het voeteneinde.

Nu probeerde hij zich ondanks alles op te richten, hij slaagde erin zijn onderarm en elleboog onder zijn middel te schuiven en zijn bovenlichaam naar haar toe te draaien.

Heeft Hadar dat gezegd? zei hij. Is dat het wat Hadar zegt?

Ja, zei ze, hij kraste zo voorzichtig dat ze het amper merkte.

Het ademen viel Olof zwaar als hij niet plat op zijn rug mocht liggen, zijn stem werd pieperig en brak zo nu en dan. Hij sneed, zei hij, hij sneed in haar zoals je in mestzakken snijdt om ze open te maken. Als ik het vlees en het bloed vlak onder mijn huid had zoals andere mensen, dan zou ik het mes pakken en snijden om het jou te laten zien. Het bloed en het rauwe vlees. Hij sneed precies zoals ik zou snijden.

Hij zegt dat ze zich erin schikte, zei ze. Ze trok zich er niets van aan zegt hij.

Hadar heeft nooit begrepen hoe bruikbaar en zachtmoedig ze was, zei Olof. Ze was van mij, daarom kwelde hij haar. Hij had in mij moeten snijden, maar daar was hij niet mans genoeg voor.

Wat deed jij? zei ze. Wat deed jij voor Minna?

Wat moest ik doen? zei hij. Wat kan je doen tegen zo'n mens als Hadar.

De geëmailleerde emmer was halfvol, ze moest hem legen en schoon schuren.

En hij hield er trouwens mee op, zei Olof. Zestien keer kerfde hij, daarna hield hij ermee op.

Hij liet zijn hoofd en bovenlichaam weer op het kussen en de matras vallen, hij vouwde zijn handen onder zijn kin.

Hoe ziet hij er nu uit? zei hij. Daar heb ik veel aan gedacht, hoe Hadar eruit kan zien. Na al die jaren. Als overjarig gras? Of als een aap? Of als een doodgeboren kalf?

Ja, zei ze, zo ziet hij er misschien uit.

Toen ze terugkwam met de lege en schoongespoelde emmer sliep hij al.

De houten pop, het stuk hout dat waarschijnlijk een pop geweest was, lag bij Hadar op het kussen, een gedeelte ervan was zwart geworden omdat hij dat af en toe in zijn mond stopte en eraan zoog en likte, het was misschien het hoofd geweest.

Maar ten slotte liet je Minna met rust, zei ze tegen hem. Na het zestiende litteken.

Zegt Olof dat? zei hij.

Ja. Dat zegt Olof.

Dus hij telde ze! zei Hadar. Die smeerlap zat er met zijn vingers aan en telde ze!

Zij telde ze voor hem, zei ze. Zij had zestien gezegd.

De winter buiten was onveranderlijk, nee niet onveranderlijk, hij groeide uit, de sneeuw, de kou, vermoedelijk ook het donker. Misschien was het al wel januari, misschien was Kerstmis al voorbij, ze had sinds haar kinderjaren geen Kerstmis meer gevierd, de krant was al een paar dagen niet meer gekomen, die dagen maakte ze het vuur in het fornuis aan met reepjes berkenbast die ze losscheurde van de houtblokken.

Er was een kerstkaart uit Sundsvall gekomen, met twee spelden had ze hem vastgeprikt op het behang naast het gordijn bij de eettafel. De Gustaf Adolfkerk in wintertooi. Alles was goed in Sundsvall. Voor de kerkdeur stond een getekend kerstmannetje met een lantaarntje in zijn hand. Prettige kerstdagen! De beste wensen van de familie in Sundsvall.

Ze zou het kind toch baren, zei Hadar. Ik wilde het kind bij haar vanbinnen niet beschadigen.

Hij probeerde zijn hoofd op te tillen en naar haar toe te draaien, maar hoe nietig zijn schedel ook was, toch bleek hij te zwaar te zijn.

Dus ze baarde jullie een kind? zei ze. Minna baarde jullie beiden een kind?

Toen hij die vraag moest beantwoorden kreeg zijn gezicht diepe kreukels en begonnen zijn lippen zo te trillen dat hij nauwelijks een woord uit kon brengen.

Ja, zei hij. Ze baarde een kind, dat deed ze.

Daarna duurde het een tijd voordat hij tot zichzelf kwam.

Het was van mij, het kind, zei hij.

En toen de verdoving uit zijn gezicht en lippen was weggetrokken en die hun normale stevigheid hadden herkregen, legde hij haar uit wat het was dat hem plotseling bijna zijn spraakvermogen ontnomen had, wat het was dat hem altijd overviel als zijn gedachten toevallig afdwaalden in de richting van Minna en het kind. Ze moest zich niet inbeelden dat het gevoelens waren die hem overweldigden. Gevoelens waren een vreemd en tegennatuurlijk en modern verschijnsel. Gevoelens fabriceerden mensen voor zichzelf als dat in hun kraam te pas kwam, gevoelens waren voorwerpen of misschien behoeften die de mensen maakten of tevoorschijn haalden als er een noodzaak toe bestond, vooral in gedrang en mensenmassa's konden gevoelens van pas komen, maar natuurlijk ook tussen mensen onderling, speciaal in Zuid-Zweden. Gevoelens waren werktuigen die je gebruikte om over jezelf en anderen te heersen.

Hier in het Noorden waren gevoelens onbruikbaar, hij had ze nooit nodig gehad, hij had er zelfs nooit voor op hoeven passen.

Nee, wat door hem heen ging bij de gelegenheden dat hij zijn gedachten niet weg kon houden van Minna en het kind was heel iets anders dan gevoelens, iets dat oneindig veel groter en ernstiger was.

Het was een inwendige schok, een beving en een trilling die hem van zijn adem beroofde en die zijn hart samenperste als de toon uit een grote en zware trekharmonica, het leek waarachtig wel of heel zijn borstkas, heel zijn binnenste, de gestalte aannam van een kermende en jammerende trekharmonica. Het was ondraaglijk, ja dat was het.

Een naam voor die toestand kende hij niet.

Ja, ze baarde een kind, een zoon, de zijne, Hadars zoon, zo had hij moeten heten, Hadarsson, hij had die naam voor het nageslacht kunnen bewaren.

Een jongetje dat onweerlegbaar zijn trekken had en roze wangen en donkere ogen en brede nagels en krachti-

78

ge polsen en diepe rimpels in zijn voorhoofd als de gedachten door zijn hoofd heen stroelden.

Minna kwam met hem in de mand van wilgenhout en liet hem zien, hij was nog maar een paar dagen oud en ze ging hier in de keuken zitten en gaf hem de borst.

En hij, Hadar, had hem mogen optillen en in zijn handen mogen houden en met zijn vingers mogen voelen dat het kinderlijf volmaakt was en zonder gebreken.

En hij had tegen Minna gezegd dat Edvard een goede naam was, het was de naam van de grootvader, dat de jongen Edvard zou heten.

Ja, had Minna gezegd, Edvard is goed, voor Edvard voel ik wel wat, Edvard is mooi, die naam.

Maar daarna had Olof de jongen mee naar de dominee genomen en hem Lars laten dopen. Hij mocht geen Edvard heten maar alleen Lars. Lars was de grootvader van moeders kant in Sorsele geweest die niemand van hen ooit had gezien, hij had een wagon met steenkolen over zich heen gekregen. Het is een vreselijke zaak, zei hij, als een mens zijn ware naam niet mag dragen, die van hemzelf, als hij gedwongen wordt zijn leven onder de verkeerde naam te leven, als hij aan de ene kant zichzelf is maar aan de andere kant gedwongen wordt een ander te zijn.

Nu kan ik niet meer, zei Hadar, nu moet jij het boek gaan schrijven, nu ga ik slapen.

Het daglicht bleef een paar uur, een klein stukje van de zon vertoonde zich een vluchtig ogenblik achter de bergkammen in het zuiden, daarna ging de ochtendschemering langzaam maar zeker over in avondschemering.

Ze bezocht Olof terwijl het licht was. Weliswaar, zei hij op een dag, weliswaar ben je bij Hadar, je woont bij hem op zolder, maar in je diepste binnenste geef je om mij. Je kunt de gedachte niet verdragen dat Hadar mij zal begraven, dat hij mij in het meer zal laten zinken alsof ik een kalf was dat een natuurlijke dood is gestorven, dat hij van mij een lokaas voor de baarzen zal maken.

Hij waagde het zelfs te beweren dat ze terwille van hem gebleven was, ze wilde met haar eigen ogen zien dat hij Hadar overleefde, als het hier onbewoond geweest was met uitzondering van Hadar en zijn kanker, dan zou ze niet zijn gebleven.

Ik ben niet gebleven, zei ze. Ik kan elke dag vertrekken.

Toen werd zijn stem zeurderig en klaaglijk en hij strekte zijn hand uit en raakte haar elleboog aan. Wilde zij beweren dat zijn leven niet goed genoeg was, dat het haar niet voldoende aanleiding kon geven om haar reisplannen geheel te herzien en al het andere werk opzij te schuiven, was hij geen waardig en gedegen voorwerp voor haar liefdesdaden, was zijn bestaan niet aantrekkelijk en mooi en van onschatbare waarde?

Jouw leven is goed, zei ze.

De laatste weken waren er kleine roodachtige zwellinkjes bij hem tevoorschijn gekomen, vooral op zijn borstkas en zijn schouders. Het is de uitslag, zei hij.

Ze bette ze met koud water en glycerine, het flesje met glycerine had ze op een van de bovenste planken in de provisiekast gevonden. Dat is Minna's glycerine, zei hij, die deed zij over de kreuzen bij de vis.

Dus jij viste weleens? zei ze. Jij zat in de boot op het meer?

Het was het mooiste dat Minna wist, zei hij, dat er iemand in de boot op het meer zat.

Minna maakte altijd een zakje proviand voor me klaar, daarna zei ze: Ga jij nu maar op het meer zitten.

En jij at van de vis?

Als je maar flink veel suiker over de baarzen strooit dan

80

zijn ze wel te eten, dan smaken ze als marsepein. Maar aan de snoek valt niets te doen.

De vis, zei hij, die eet je met duim en wijsvinger.

Het was een grote kwelling voor hem, zei hij ook, dat ze niet veel eerder naar hem toe gekomen was. Zij en hij hadden samen in de boot op het meer kunnen zitten. Hij was toen heel wat jaren jonger geweest, hoeveel wilde hij in het midden laten, hij was krachtiger geweest en leniger en vindingrijker. Vooral in vindingrijkheid had hij uitgeblonken, niet alleen de suiker op de baarzen was een verzinsel van hem, maar ook de zoete knollensoep en de suikersiroop die je kookt van de sparrenwortels en de wilgenloten en de stroop die je uit de waterwilg tapt, om maar niet te spreken van al het andere dat hij had uitgedacht en gemaakt en dat hij nu vergeten was. En zijn zweet was welriekend geweest, het had geroken als de zeep en het waspoeier. Maar ook om zijn geheugen had ze hem veel eerder op moeten zoeken, hij had een voortreffelijk en onfeilbaar geheugen gehad. Maar nu begon het geheugen hem in de steek te laten, het geheugen en de lange samenhangende gedachte. Hij herinnerde zich nog heel goed hoe zijn gedachten vroeger altijd aaneengevoegd werden, de ene aan de andere, als de rugwervels in een vis.

Toen had ze hem alles kunnen vragen.

Hij wilde graag noemen dat hij langgeleden heel precies had geweten hoe het bijvoorbeeld met de dood en de eeuwigheid stond en met God, hij had werkelijk op de gekste vragen kunnen antwoorden, maar nu was hij alles vergeten, hij herinnerde zich niets meer van zijn gedachten en zijn kennis. Aangezien ze niet veel eerder was gekomen zou ze nu nooit meer een betrouwbaar antwoord kunnen krijgen op de grote vragen van het leven.

Maar hij herinnerde zich heel goed hoe duidelijk hij alles had geweten, en die herinnering, die welbeschouwd

81

een soort vergetelheid was, die herinnering was net zo goed als een geloof, ja, daar bestond zijn onwrikbare geloof zelfs uit.

Daar valt niet aan te tornen, zei hij.

Midden op elk van de roodachtige bobbeltjes op zijn borst en armen begonnen zich kleine witte blaasjes te vertonen. De uitslag wordt sappig, zei hij.

Waarom zou ik uitgerekend bij jou zijn gekomen met mijn vragen? zei ze.

Over de eenzaamheid, die ze verscheidene malen ter sprake bracht, zei Hadar: Het beste van een eenzaam leven was dat je jezelf echt leerde kennen. Je hoefde je best niet te doen te proberen een ander te begrijpen, je kon je gedachten met volle kracht naar binnen richten. Hij durfde nu zelfs te beweren dat niets in zijn binnenste hem onbekend was.

Wat hij het diepst bij anderen haatte was de veelheid van zelfbedrog. Hij had nooit tegenover zichzelf gelogen. Hij was zijn eigen rechter, een onverbiddelijk rechter. Als hij één fout had dan was het deze: hij was veel te meedogenloos tegenover zichzelf, af en toe bijna wreed.

Zoals met betrekking tot de lust en de driften. In dat verband had hij zichzelf zo hard aangepakt dat de lusten soms in hun tegendeel waren verkeerd, ze waren een kruis geworden dat hij moest dragen.

Maar ondanks alles was het meeste goed.

De liefde voor de waarheid, dat was iets waarin hij uitblonk.

Tot valsheid was hij niet in staat.

Weliswaar haatte hij zichzelf in die staat van oprechtheid, maar hij was ook trots en blij met zijn vermogen oprecht te zijn. Zelfs de weerzinwekkendste en allermoeilijkste waarheden had hij liefgehad. Bij de dokter had hij gebeden en gesmeekt om het gefotografeerde gezwel te mogen zien, ja als het mogelijk geweest was had hij het uitgesneden en in een glazen pot mee willen krijgen zodat hij er voortdurend naar kon kijken. Zo had hij gestaan ten opzichte van alle misvormingen en gezwellen en wonden in zijn leven, hij had ze voortdurend in het oog willen houden.

Waardevol was het ook dat hij zich nooit in de levens van andere mensen mengde, dat hij hen met rust liet.

Dat is de waarheid, zei hij.

Olof daarentegen, die zou nog eens verdrinken en vergaan in zijn eigen valsheid en leugenachtigheid.

Als ze in een ander jaargetijde was gekomen, zei ze tegen Hadar, een ander jaargetijde dan deze weerzinwekkende winter, dan had ze zich niet eens zo'n vluchtig oponthoud gegund als nu, dan zou ze zichzelf niet zo lichtzinnig een paar overnachtingen hebben toegestaan, dan zou ze zeker van dit korte verblijf hebben afgezien.

Je moet toch ergens zijn, zei hij.

Toen ze Hadar even later naar de jongen vroeg, nee ze vroeg niet, ze noemde alleen even het kind dat Minna ooit gedragen en gebaard had en dat zijn ware naam niet mocht dragen, het kind waarmee ze gekomen was in de mand van wilgenhout, toen begon hij over zijn pijnen te praten, zijn stem klonk verontrust en hij sloeg met zijn knokkels tegen zijn voorhoofd en zijn slapen.

Ze moest hem begrijpen, zei hij, wanneer hij niet zo vrij en gemakkelijk met haar kon praten als ze misschien verwachtte, wanneer hij niet over ditjes en datjes kon babbelen zoals in Zuid-Zweden zeker gebruikelijk was, maar het was nu eenmaal zo dat de pijn zijn spraak en gedachten telkens onderbrak. Ze, de pijn dus, was als een klok die sloeg en die je dwong je mond te houden en de slagen te tellen, of als de specht die even uitrustte en daarna weer als een bezetene aan het hakken ging.

Olof had natuurlijk geen pijnen, hij kon zo lang als hij wilde overal over praten zonder onderbroken te worden, hij hoefde alleen maar af en toe adem te halen, in een zoet leven zoals het zijne was geen plaats voor pijn. Maar tussen de pijn en het zoute bestond een duister verband, ja de pijn was op de een of andere manier de uiterste en laatste vorm van het zoute.

Ze verontrustte hem zelfs, de pijn dus, die hij ook wel de kwellingen en de martelingen en het lijden noemde, de pijn en de verontrusting hadden beide in de laatste plaats hun oorsprong in het gezwel.

Hij wilde zich graag voorstellen dat het nog steeds om één enkel gezwel ging, daarom zei hij alleen gezwel, het oergezwel, om zo te zeggen, waaraan hij bijna had leren wennen en waar hij min of meer mee had leren leven. Hoewel het nu had gejongd en ontelbare nakomelingen bezat, uitlopers en stekjes op de merkwaardigste plekken in zijn lichaam, toch gaf zijn gedachte er de voorkeur aan zich toe te spitsen op het eerste en onbetwistbaar echte gezwel. Ook de pijn bleef daardoor heel en ondeelbaar.

Het zou onverdraaglijk of in elk geval onnodig inspannend zijn zich een kluwen of hoop dochterpijnen en tweedehandspijnen voor te stellen die het verstand tevergeefs uit elkaar moest zien te houden en waarvan het zich een helder beeld moest zien te vormen.

Je kon natuurlijk niet ontkennen dat de pijn eigenlijk, als je hart en nieren grondig onderzocht, uit ontelbare bronnen en vertakkingen bestond die zich ten slotte verenigden in een grote rivier die door het hele wezen stroomde, maar voor de eigen persoonlijke ervaring van de pijn had dit geen betekenis.

Olof, merkte hij op, zou nooit op deze manier met haar kunnen praten, hij wist niet wat pijn was, hij was niet eens ziek, hij was alleen stervende.

Want hij is toch stervende? zei hij.

Ja, zei ze. Stervende is hij zonder meer.

De pijn was zeldzaam hier in het Noorden, ging hij verder, in ieder geval zag je er zelden iets van, hij kon zich niet herinneren dat hij ooit noemenswaardige pijn had gezien bij bekenden en verwanten, hoewel ze zeker ziek waren en zelfs in zijn nabijheid waren overleden. Misschien was de pijn er wel geweest maar had hij er nooit iets van te zien gekregen. Misschien hadden de kou en de sneeuw en het donker een pijnstillende werking.

Hij had begrepen dat de pijn verder naar het zuiden oneindig veel vaker voorkwam en ook veel meer aandacht kreeg.

Daarom verheugde het hem of was het tenminste een zekere verzachting dat zij besloten had dit reisje terwille van hem te maken en bij hem te blijven.

Aangezien zij uit het Zuiden kwam kon hij volkomen vrij, ja, bijna lichtzinnig met haar over de pijn praten, hij hoefde de pijn niet voor haar te verbergen, voor haar was pijn de natuurlijkste zaak van de wereld.

Alle mensen, vond hij, moesten op hun sterfbed iemand uit Zuid-Zweden aan hun zijde krijgen, iemand die zonder schaamte, om niet te zeggen volkomen onaangedaan met de pijn kon omgaan en elke klacht kon aanhoren.

De pijnen aan het slot van het leven waren immers ook onbeschrijflijk vermoeiend, ze waren niet alleen zichzelf, ze hielden ook sporen en resten in van ontelbare pijnen uit het verleden, ze waren troebel en onrein van alle bezinksels die van de bodem van het eigen bestaan werden opgewoeld, zijn hoofd was eigenlijk niet groot genoeg voor de pijnen die hij allemaal moest voelen en overdenken. Aan de ene kant vermoeide de pijn hem zo hevig dat hij het liefst tot in eeuwigheid zou willen slapen, aan de andere kant hield ze hem wakker. Als dode zou hij de eerste tijd alleen maar uitrusten, daarna zou hij wel verder zien.

En ten slotte zei hij toch een paar woorden over de jongen die Minna hem gebaard had.

Hij groeide op, zei hij. Hij groeide op en werd groot.

Een andere keer vroeg ze aan Hadar: Wie krijgt al jouw bezittingen als jij er niet meer bent? Als je ten slotte toch dood bent?

Olof niet!

Nee. Maar als jij de erfenis van Olof hebt gekregen en de sauna hebt gebouwd en daarna zelf bent overleden?

Niemand!

Niemand? Maar het bos en het huis en de houtvoorraad en de schuren en de stallen?

Nee. Niemand.

Dat kan niet, zei ze. Er moet iemand zijn.

Het moet terugkeren.

Terugkeren?

Het moet hersteld worden, zei hij. Het moet weer worden zoals het eens is geweest.

Dat begrijp ik niet, zei ze.

Toen probeerde hij zich te verduidelijken: het zou in de oorspronkelijke staat hersteld moeten worden, wat hij in gedachten had was een vorm van herstel waarbij al het menselijke en onnatuurlijke langzaam uitgewist werd, het zou wegzakken in het kreupelhout en het jonge bos, het zou er nog wel zijn, maar zo teruggetrokken en verborgen dat niemand zich erom bekommerde.

Het mag niemand een zorg zijn, zei hij.

Je hebt het koud, zei Olof op een dag. Je neus is blauw en het vel op je handen is gebarsten.

En dat gaf ze toe, ze had het koud, ze had het de hele tijd al koud gehad, die handvol dagen dat ze in Övreberg was blijven hangen. Het meest hinderlijk zei ze, waren de zachte dagen met harde wind.

Je bent te slecht gekleed, zei hij.

Ik woon hier toch niet, zei ze. Ik hoef niet gekleed te zijn voor het weer hier in het Noorden.

Je kunt de kleren van Minna nemen, zei hij. Uit de klerenkast van Minna kun je halen wat je wilt.

Ze had de deur van de blauwgeverfde kast in de tussenkamer nog nooit eerder opengemaakt, het rook er naar oude wol en naftaleen. Ze vond een grof grijs vest met gaten op de ellebogen en een zware zwarte mantel van een stof die aan baai deed denken.

Toen ze de kleren in de keuken paste zei Olof: Het lijkt wel of ik Minna weer zie, Minna als ze de post zou gaan halen of als ze op de stepslee naar de weg zou gaan om naar de auto's te kijken.

Maar toen voegde hij eraan toe dat ze niet licht genoeg was, ze had de juiste witheid niet, als je de kleur van haar wangen en wenkbrauwen weg kon halen en het haar op haar hoofd krijtwit kon maken, dan zou ze volmaakt zijn, dan pas zou ze zo onuitsprekelijk mooi zijn als Minna was.

Een paar wanten met rode kwastjes had ze ook in de klerenkast gevonden.

Zelfs Hadar herkende het vest en de mantel. Alles keert terug, zei hij, nooit heb je iets voor de laatste maal gezien, ten slotte zie je waarheen je ook kijkt alleen nog maar herinneringen en herhalingen en afbeeldingen en wederkomsten.

Daarna liep ze bijna aldoor in die kledingstukken, de kleren van Minna, het leek wel of ze speciaal voor het veranderlijke weer en voor Övreberg gemaakt waren.

87

Misschien was toch de ergste winter al voorbij. Weliswaar viel er af en toe een dag nog sneeuw en weliswaar moest het fornuis elke avond rood opgestookt worden, maar midden overdag vertoonde de zon zich wel een uur of langer in zijn geheel, en soms kwam er smeltwater van de sneeuw op het dak gedruppeld, het vormde smalle glinsterende beekjes op de ruiten.

Ze vertelde Olof van Hadars pijnen.

Dat is goed, zei hij. Dat is goed.

Want het was toch zo dat hoe erger de pijnen werden, des te dichter was hij bij de dood?

Ja, zei ze. Waarschijnlijk is het zo.

Zelf had hij immers de hartziekte als hoofdziekte, zei hij, en die had weer zijn bijziektes zoals de blaasjes op zijn borst en armen, bovendien had hij wat pijntjes en krampjes en gebrekkigheden die nauwelijks de moeite van het vermelden waard waren en waarvan een ranglijst gemaakt kon worden met onderaan de jeuk en de kittelingen, ze waren meestal onplezierig, maar soms weleens aangenaam. Maar pijn, nee, het woord alleen al kwam hem vreemd en afstotend voor.

Niets duidde erop, zei hij, dat hij de dood begon te naderen. Er waren zelfs dagen waarop hij zich kon verbeelden dat het leven steeds behaaglijker en betrouwbaarder werd. Er was niets meer waarover hij zich zorgen hoefde te maken, hij kon zonder beperkingen en voorbehoud al zijn krachten wijden aan het bestaan als zodanig. Elke dag die voorbijging bracht hem dichter bij de overwinning op Hadar. Voordat hij 's avonds in slaap viel vouwde hij steeds zijn handen onder zijn kin en zuchtte diep van zuivere en onvertroebelde dankbaarheid.

Waar gebruik je die lepel voor? zei ze.

In zijn rechterhand hield hij een theelepel, het leek wel of hij probeerde die voor haar te verstoppen.

Dat is alleen maar een lepel, zei hij. Een theelepel.

Hij hield hem in zijn handpalm, net als Hadar de houten pop altijd vasthield. De benen steel was vergeeld, het lepelblad was grijs en waarschijnlijk van aluminium.

Hij keek naar het water dat langs de ruit sijpelde. Ze moest zich niet wijsmaken, verkondigde hij, dat het gauw lente en zomer zou zijn, alleen maar omdat er hier en daar een sneeuwvlokje smolt, dit dooien was niets dan valse schijn en bedrog, de bedoeling was dat de mens erdoor tot verdraagzaamheid verleid zou worden, als er nooit eens een zacht windje kwam of een glimpje zon zouden de mensen bezwijken aan de vertwijfeling en de hopeloosheid.

Sommige mensen dachten dat de lente en de zomer de zin van het leven bevatten, het was beklemmend je de vreugde voor te stellen die zoiets onaanzienlijks als nu bijvoorbeeld deze waterdruppels op een ruit hun scheen te brengen.

Hij bleef volkomen onaangedaan en koelbloedig ten opzichte van de jaargetijden. Hij was erin geslaagd zichzelf uit te tillen boven hun belachelijke en vanzelfsprekende veranderlijkheden. Hij stond tegenwoordig over het geheel genomen onverschillig tegenover alle kleinigheden en dwaasheden in het bestaan. Dat was een deugd, maar daar was hij eigenlijk niet schuldig aan, hij was er alleen maar door overmand.

Ik kan de theelepel voor je afwassen, zei ze.

Maar ook het afwassen en het schrobben hoorden tot de ijdelheden die hij achter zich had gelaten.

De kleine onzuiverheid en de onbeduidende besmettingsbron die een theelepel zou kunnen bevatten gingen hem niet aan. Een uitgeteerd en vermagerd lichaam zoals dat van Hadar was natuurlijk meer blootgesteld aan bedreigingen, rondom zo'n uitgemergeld mens zat geen beschermende laag, maar hijzelf woonde in een stoffelijk omhulsel dat vrijwel alles met betrekking tot ziektekiemen en verzoekingen op een afstand kon houden.

Bovendien was deze theelepel van hem, zij moest er met haar vingers van afblijven! Hij wilde hem alleen om een heel persoonlijke reden in zijn hand houden.

En ze gaf toe dat de theelepel, afgewassen of niet, weinig betekenis had.

Maar daarna moest hij haar toch laten zien hoe slim en verstandig hij de theelepel gebruikte.

Hij deed het voorzichtig en omslachtig, af en toe keek hij haar aan, trots en geheimzinnig.

Met de vingertoppen van zijn linkerhand tastte hij over zijn borstkas, wanneer hij een flinke puist had gevonden die getooid was met een goed gevuld blaasje, krabde hij behoedzaam met de nagel van zijn wijsvinger een gaatje in de huid. Daarna schraapte hij met de theelepel het vocht uit het kapotte blaasje, het was nogal stroperig maar zo helder als water.

En hij bracht de theelepel naar zijn lippen en likte en zoog hem leeg.

Het is als de honing, zei hij.

Drie blaasjes, dat had hij al uitgeprobeerd, gaven hem een theelepel vol. Deze werkwijze was door hemzelf uitgevonden. Als je de hele dag stil op je rug ligt dan kunnen de gekste dingen gebeuren.

Het was wat de goudmakers in het verleden hadden gedaan, die hadden dag in dag uit met zwellende schedels op hun rug gelegen. Diep in zijn binnenste bevonden zich scheppende krachten waar geen mens, niet eens hijzelf, zich een beeld van kon vormen. Misschien zou hij ten slotte alle voeding en zoetheid die hij nodig had op eigen kracht voort kunnen brengen.

Wilde ze proeven?

Nee dank je, zei ze.

Dit sap of deze nectar was ook natuurlijk en onbewerkt

en vermoedelijk gezonder dan alle levensmiddelen die in de handel waren, misschien zou het hem ten slotte zelfs weer beter kunnen maken.

En de blaasjes genazen in een oogwenk, na een paar uur kon hij ze opnieuw melken.

Hij wilde haar herinneren aan wat hij eerder had gezegd over de ziekte, die was niet zo eenduidig en had meer bestanddelen dan je aanvankelijk zou denken. Weliswaar was ze voornamelijk een kwaad en meer dan dat, ze had zelfs iets ondraaglijk smartelijks en duivels, maar ze had ook haar goede kanten, haar eigen vruchtbaarheid, haar aangename bijwerkingen en haar kringloop.

Geloof je me?

Geloven doe ik je niet bepaald. Maar ik zie in dat het waar is.

Nu scheen er zelfs een zwak streepje zonlicht door het raam. Toen ze hem geholpen had met alles wat dagelijks gedaan moest worden zei ze: Je had iemand kunnen hebben die je in al deze dingen bijstond.

Ik heb jou toch, zei hij.

Nee, zei ze. Maar omdat je niemand hebt.

En wie zou dat dan wel geweest moeten zijn? zei hij.

De zoon die Minna je baarde, zei ze. Lars.

Nooit, zei hij. Zo iemand was hij niet.

Nee, zo iemand was de zoon werkelijk niet! Hij was al te groots en waardevol, al te breedgeschouderd en rijk begaafd om aan zulk werk gezet te worden! Hij moest hard lachen toen hij zich voorstelde dat de zoon de emmer geleegd zou hebben of zijn achterste zou hebben afgeveegd. De zoon die schoolmeester zou worden of dominee of landmeter of zo iemand die de boeken schrijft over de zon en de kikkers, zijn huid hoorde zo wit en dun te zijn als het krantenpapier! Nee, nooit!

Je gebruikt zijn naam niet, zei ze.

Zijn naam?

Nee, zei ze.

Maar waarom zou hij zijn naam gebruiken als het nergens toe diende? Als de zoon toch niet aan kwam hollen wanneer hij zijn naam riep?

Waarom zou hij een naam gebruiken die voor niemand iets betekende, waarom zou hij tegen haar de naam zeggen als ze zich niet eens een vluchtige voorstelling kon maken van de jongen hoe hij eruitzag als hij de keuken binnenkwam met een snoek die hij in zijn net had gevangen, nee, niet de jongen maar de jonge man met de streepjes in het blauw van zijn ogen en de stoppeltjes op zijn kin?

Zij mocht van hem de naam zo veel en zo vaak gebruiken als ze wilde, over zijn lippen zou hij nooit komen.

Maar hij heette Lars?

Ja, hij heette Lars.

Die avond, of misschien ook wel een paar weken later, vroeg Hadar nog een keer of ze werkelijk elke avond aan haar tafel zat en in het schrift schreef. Ik geloof niet dat je naar behoren schrijft, zei hij. Ik geloof dat je het hier bij mij te goed hebt. Ik geloof dat jij zo'n mens bent die de dagen maar laat lopen.

Ik schrijf, zei ze.

Dat kan ik nooit weten, zei hij. Ik kan nooit iets weten. Wat jij daarboven in die kamer uitspookt. Ik lig hier en jij ligt daar.

Toen haalde ze het schrift en las de bladzijde aan hem voor die ze de vorige avond had geschreven, haar hese en stroeve stem benadrukte de dorheid van de tekst, ze zat op de stoel aan het voeteneinde van de bank.

... Die in onze tijd niet meer tot het gedachtegoed behoren, woorden die zijn uitgewist of mogelijk gezien kunnen worden als gedenktekens over tijdperken toen er nog een duidelijk verband leek te bestaan tussen wil en handeling, gedachtefiguren waarbij alleen het gevoel voor piëteit, een grauwbleke, eerbiedige herinnering even stil kan blijven staan. Maar het is niet de gehoorzaamheid die Christoffel in de eerste plaats kenmerkt, het begrip gehoorzaamheid heeft in het algemeen geen plaats in de gedachtewereld waarin Christoffel thuishoort. Men kan het ook geen onderwerping noemen, hij onderwerpt zich niet aan een goddelijke orde of een heilige roeping, het is geen liefde of goedheid of zelfs medemenselijkheid die hem aanzet of dwingt. Een poging om zijn handeling, of juister gezegd zijn bezetenheid, zijn hartstochtelijke eensporigheid, in termen van ethiek of moraal uit te leggen zou vergeefse moeite zijn.

Hij bestaat in plaats van te spreken.

Als hij plotseling zou verkondigen: Nu geef ik het op, nu ga ik naar huis! wat zouden we dan denken? Nee, zoiets belachelijks, iets dat zo indruist tegen elk gevoel voor stijl en fatsoen zou Christoffel, zoals hij zich in deze uiteenzetting manifesteert, nooit over zijn lippen krijgen. Een thuis is in zijn geval ondenkbaar, als hij een thuis had zou hij niet bestaan als Christoffel, een thuis zou hem uitwissen. Een bepaalde richting, een geografisch definieerbaar doel voor zijn gang, ligt over het geheel genomen buiten de grens van het mogelijke, zijn doel moet duister zijn en bovenmatig speculatief en metafysisch, zijn bestemming kan alleen iets zijn dat in de praktijk onbereikbaar is.

De enige regel waaraan hij zich onderwerpt is die van de uitbeelding, dit algemeen geldende en eeuwig verplichtende voorbeeld waaraan ook de rest van de mensheid onbewust onderworpen is, het uitbeelden is niet iets dat hij vrijwillig of onwillig doet, hij doet het gewoon.

Wat hij uitbeeldt is hem in de grond van de zaak onverschillig, dat hij de torsende mens uitbeeldt, de reus die nooit genoeg kan krijgen van de last, vehikel van het numineuze, de drager die pas verzadiging vindt als de heer der schepping op zijn schouders rust, enzovoort, dat staat hem misschien soms voor de geest. Maar de hoofdzaak is en blijft voor hem het principe van de uitbeelding. Als je in verband met Christoffel in het algemeen over een hoofdzaak kunt spreken. Waarschijnlijk moet het begrip hoofdzaak hier met contemplatieve ironie uitgesproken en beluisterd worden, al het andere zou de gestalte of afbeelding-voorbeeld Christoffel een eenduidigheid toekennen die krenkend zou zijn, ja, noodlottig voor zijn zelfstandigheid en originaliteit. Als het mogelijk zou zijn met betrekking tot het heilige en goddelijke zo'n ironie te gebruiken, zou Christoffel zelfs gehoorzaam genoemd kunnen worden. Ook een woord als vroomheid...

Ja, zei Hadar. Gehoorzaam, dat was hij.

Wie? zei ze. Wie was gehoorzaam?

Maar die vraag was overbodig, hij had het natuurlijk over de zoon, de zoon van hem en Minna, misschien ook van Olof!

Ja, hij was gehoorzaam geweest en nooit brutaal of weerspannig of eigenwijs, altijd had hij gedaan wat er van hem gevraagd werd, en hoe groter en ouder en verstandiger hij werd, des te nuttiger en gehoorzamer bleek hij te zijn, ja zachtmoedig, dat was hij geweest. O ja, dat doe ik wel, een ander antwoord kwam niet in hem op, en alles wat je van hem vroeg had hij met een glimlach en vaak ook zingend uitgevoerd, in het werk was hij koppig en volhardend, af en toe had hij zich even opgericht en het haar van zijn voorhoofd en ogen weggeveegd, hij was linkshandig geweest, maar dat kon je toch geen gebrek noemen.

Wat ik opgeschreven had, vroeg ze, wat ik voorlas, was dat begrijpelijk?

Ja, zei Hadar, ik begreep elk woord.

En hij ging verder over de zoon: Ja, hij was in alles gehoorzaam geweest: in zijn woorden, in zijn daden, tot in
de kleinste bewegingen en gebaren.

En hij, Hadar, had de gitaar voor hem gekocht, de gitaar met zes snaren en een blauwe band van katoen die
hij om zijn hals kon leggen, en hij had zich daarbeneden
bij Olof geoefend in het spelen, in het huis van Olof, dat
hij soms in een soort verstrooidheid thuis noemde, en
daarna, toen hij volleerd was, toen was hij bij hem gekomen en had hij hier bij hem in de keuken gemusiceerd,
hier in zijn, Hadars, keuken. En hij had rode wangen gehad en blauwe ogen, en niets van Minna's krijtwitte huid
en rode ogen, het was een groot wonder geweest dat een
mens als hij op de aarde rondliep: Zo'n zoon te bezitten!
zei hij. Ja, het was grootser zo'n zoon te bezitten dan het
beste paard of de statigste hoeve!

Ik heb pijn in mijn ogen, vervolgde hij. Daarom zijn ze
rood en waterig.

Ik kan je auto starten, zei ze wat later tegen Hadar. Ik kan
hem wel uit de sneeuw tevoorschijn scheppen.

Waar zou dat goed voor zijn? zei Hadar.

Als ik met de dokter in het dorp over jouw pijnen ga
praten kan je zeker nog iets sterkers krijgen.

Ik heb het goed, zei hij. Ik trek me niks meer van die
ingewanden aan.

Je kunt niet eens meer stil blijven liggen, zei ze. Zitten
kan je ook niet meer. Je hebt hulp nodig.

Ik heb alle hulp die ik nodig heb, zei hij. En Olof
neemt geen pijnstillende middelen.

Hij heeft geen pijn.

Dat komt op hetzelfde neer. Als hij dood is, dan kan je
halen wat je wilt aan pillen en druppels.

Als die tijd kwam, als Olof eenmaal weg was, dan zou hij namelijk niets anders meer eten dan pijnstillende middelen, hij zou erin zwelgen en hij zou alles naar binnen spoelen met het ene glas na het andere vol pijnstillende middelen, hondenvet en wilgenschors en witte en gele en rode pillen, en zij zou de spuitjes en de slangetjes mogen halen en hem vullen met pijnstillende middelen.

Maar niet zolang Olof nog leefde.

Ja, zo was het hem vergaan terwijl hij opgroeide, de zoon, hij was zowel hier als daar thuis en zoon en erfgenaam geweest.

Hadar kon zich ook herinneren dat hij het een keer ter sprake had gebracht, de jongen zelf dus, hij had geprobeerd met hem, Hadar, te bespreken hoe ze het met elkaar hadden, eigenlijk was het een grote rijkdom voor hem, had hij gezegd, dat hij hen beiden had, dat hij niet alleen de een had maar ook de ander. Dat hij niet alleen Olof had maar ook Hadar, dat hij niet alleen Hadar had maar ook Olof. Als hij niet naar de een kon gaan dan kon hij naar de ander gaan. Hij kon zowel naar de een als naar de ander gaan. Zoals nu hij bijna volwassen was, ja nu hij volgroeid was en een brommer nodig had en een leren jek wilde hebben met een hoge kraag en donkerrode schoenen die puntig moesten zijn aan de voorkant en een werphengel waarvan de lijn nooit in de war raakte.

Wat kost het? had Hadar gevraagd.

Wat? had de jongen gezegd.

Dat leren jek?

Tweehonderd kronen.

Hier heb je ze, had Hadar gezegd.

Maar het had ook nadelen, het was af en toe inspannend voor de gedachte, hij had de hele tijd te kampen met een eigenaardige gespletenheid vanbinnen, het leek onmogelijk voor hem om hen tot een samenhangend geheel te verenigen, Hadar en Olof, om die twee tegelijk in zijn gedachten te hebben. Nu eens dacht hij aan de een en dan weer aan de ander. En als hij aan Olof dacht voelde hij zich vol met bepaalde duidelijke eigenschappen en eigenaardigheden, als hij daarna aan Hadar dacht werd hij een heel ander mens.

En Hadar had gezegd: Dat begrijp ik heel goed, dat je hierover niet met Olof kunt praten.

Hij wilde ondeelbaar zijn, had hij gezegd, zijn enige wens was uit één stuk te mogen bestaan.

Jij bent toch als een fineer-den, had Hadar gezegd. Jij bent als een wortelstok uit een achttienduims-den.

Maar om het Hadar te laten begrijpen had hij verteld van de keer dat hij door het ijs gezakt was, dat hij bijna was verdronken.

Was jij bijna verdronken? had Hadar gezegd. Dat heeft niemand me verteld.

Dat was maar goed ook, had de jongen geantwoord, Hadar was alleen maar ongerust geworden en toen hij het kon vertellen was het immers al voorbij.

Dat kan je nooit weten, had Hadar gezegd, voor jou zou ik het bovennatuurlijke kunnen doen.

Het was dus in diezelfde winter, ze waren op het ijs geweest, hij en de andere jongens waar de school ook veldwachters en rijkshoutvesters en schoolmeesters en veeartsen van wilde maken, en hij was net iets te ver afgedwaald en in een wak terechtgekomen.

Ik ben er niet zeker van, had Hadar gezegd, of ik dit aan kan horen.

En toen hij in het wak viel had hij zo'n grote snelheid gehad dat hij weggeslingerd werd door het water, weg van de ijsrand en het daglicht. En hij was meteen gaan zwemmen, het was geen overdrijving als hij zei dat hij voor zijn leven had gezwommen.

En Hadar herinnerde zich dat toen hij de jongen dit hoorde vertellen, toen gingen er zulke schokken door zijn lichaam dat hij achterover moest leunen op de bank.

In de diepte onder het ijs, daar had de jongen dus gezwommen, hij had zijn knokkels en nek en rug tegen het ijs gestoten, dat aan de onderkant ruw en scherp was, hij had geprobeerd de weg terug naar het wak te vinden. Of naar een ander wak. Zoals hij het zich nu herinnerde had hij daarbeneden in het water wel een uur lang rondgezwommen en zijn adem ingehouden, in werkelijkheid was het misschien een minuut of zo. En de hele tijd, die hele oneindige minuut, had hij over zijn lange, bijna vijftienjarige leven nagedacht. Hij had aan Minna gedacht. En hij had zich tot het uiterste ingespannen om tegelijk aan hen beiden te denken, aan Olof en Hadar, hij had hen in zijn wanhoop willen samenvoegen tot één wezen dat hij aan kon roepen of waar hij tenminste zijn laatste gedachte naartoe kon sturen. Maar dat was onmogelijk geweest. Hoe hij zijn gedachten ook kwelde, hij had hen niet kunnen verenigen, Hadar was Hadar gebleven en Olof Olof. En ten slotte had hij het opgegeven, hij had in zijn gedachten de een verworpen en de ander behouden, en op het ogenblik dat hij dat deed had hij het wak teruggevonden en zijn hoofd omhooggestoken en weer adem naar binnen gehaald. Een ander wak of hetzelfde, dat kon hij onmogelijk weten, omdat hij zelf niet meer dezelfde was.

En Hadar was volkomen uitgeput toen hij dit had gehoord, hij had niet eens de krachten over om te vragen wie de jongen had verworpen en wie hij had behouden.

En wat kost die werphengel? had hij in plaats daarvan gezegd.

Honderd vijftig kronen, had de jongen geantwoord.

Hier heb je ze, had Hadar nog een keer gezegd.

Het kwam voor dat ze het hadden over de dingen die ze misten, zowel Hadar als Olof. De paden in het bos en het geklots van het water tegen de zijkanten van de boot en de dieren die allang geleden waren geslacht en de hommelnesten in het gras en het kreuzensap en de onweersregen en je voeten wassen in een koude bron. En Hadar herinnerde zich de rauwe eieren van de zeevogels. Maar het ergst, zei hij, of bijna het ergst, was het toch dat hij Minna moest missen.

Of niet precies Minna, maar toch Minna. Hij had nooit een ander gehad. Na haar had hij niemand gehad. Het was verschrikkelijk om op geen enkele manier iemand te hebben. Eigenlijk had hij Minna ook niet gehad, ze was bij lange na niet ongedeeld de zijne geweest, het was immers zoals het was met Minna, hij en zij hadden niet alleen elkaar gehad, maar hij had haar toch gehad.

En vóór haar had hij geen ander gehad. Er was een grote leegte, zowel vóór als na Minna. Vooral na haar.

Tot op de dag van zijn dood zou hij dat missen, dat waar Minna en hij zich samen mee hadden beziggehouden, tot op het allerlaatst zou hij dat missen.

Je bedoelt, zei ze, dat je een vrouw mist, dat je een vrouw nodig zou hebben.

Maar zo naakt en schaamteloos mocht ze niet onder woorden brengen wat hij gezegd had, het was onbegrijpelijk dat ze zo ruw en onbeschaamd kon praten, maar zoiets kon je wel verwachten van een mens uit het Zuiden, daar in het Zuiden had je geen fatsoen en geen tucht en geen kuisheid. Hij onderstreepte dat hij ontsteld was en onaangenaam getroffen door haar woorden.

99

Dat je je niet schaamt! zei hij.

Ik zou je kunnen helpen, zei ze.

Hoe? zei hij. Hoe zou jij mij kunnen helpen?

Met de hand, zei ze. Met de hand zoals een vrouw doet bij een man.

Daar weet ik niks van, zei hij. Maar als jij het zegt.

Toen opende ze zijn kleren en nam zijn gele en verschrompelde lid in haar hand en wreef en kneedde het tot het halverwege overeind kwam, ze praatte zachtjes en kalmerend tegen hem, de ploeger gaat in maart naar buiten en werkt elk jaar opnieuw dezelfde aarde om, en de vogel zingt steeds weer hetzelfde lied, en ten slotte steunde hij zwaar en smartelijk en haar handpalm werd gevuld met zaadvocht.

Het was grijsgroen en rook sterk naar ammoniak en misschien ook wel naar schimmel.

Hij tilde zijn hoofd op zodat hij het kon zien en ruiken, ze strekte haar hand naar hem uit.

Ja, zei hij. Dat zaad is als het pus of als de etter. Maar het kan ook wel dertig jaar oud zijn. Of veertig.

Ik, zei ze, ik weet bijna niets van zaad.

Olof zei dikwijls: ik red me altijd.

Soms zei hij: Ik breng het er wonderbaarlijk goed vanaf.

En af en toe: Het is een onbegrijpelijke genade Gods dat ik er nog zo goed aan toe ben.

Dan vroeg zij: Hoe lang moet deze tweekamp doorgaan? Hoe lang houden jullie het nog uit? Hoe lang moet Hadar op jou wachten en hoe lang moet jij op Hadar wachten?

Tot in eeuwigheid, zei Olof. Er is geen tijd die afgemeten is. En de lente kan nu elke dag komen.

Hij zoog op een vijg, hij smakte de woorden eruit. Of twee vijgen, in elke wang een.

Daarna is het zomer, ging hij verder. En in de zomer ga je niet dood. Ik nooit en Hadar zeker ook niet. Dan is het hier tussen het steengruis en het grind boven het meer als de hof van Eden. De lijsterbessen en de berken en de paardebloemen en de berglemmingen. Nee, ik kan niet zien dat er ergens een einde aan komt.

Daarna probeerde hij haar nog een keer over te halen het sap te proeven dat hij uit de blaasjes op zijn borstkas tevoorschijn schraapte.

En zij legde uit dat lichaamssappen haar altijd afkeer hadden ingeboezemd, vreemde lichaamssappen, om lichaamssappen hing iets dat persoonlijk was en intiem en dat haar tegenstond, ze vond ook dat hij alle voedingsstoffen die hij voort kon brengen zelf nodig had.

Maar, zei hij, dit was geen lichaamssap in de gebruikelijke zin van het woord, hij wilde eerder woorden gebruiken als nectar of nat of jus of most, waarvan de bronnen geheimzinnig waren maar toch natuurlijk.

En ze probeerde over iets anders te praten: Jouw tevredenheid, zei ze, is een bron van rijkdom voor jou. Jij kunt je nog verheugen over het leven. Alles is je goed afgegaan, ik ken geen mens die geen reden zou hebben jou om jouw bestaan te benijden.

Ja, zei hij. Dat kan wel wezen.

De laatste tijd waren de sparren helemaal onderaan de helling bijna aldoor sneeuwvrij, ze staken zwart af tegen de ijslaag op het meer. Maar zo nu en dan viel er nieuwe sneeuw, meestal 's middags. Terwijl ze zaten te praten kwam er zo'n sneeuwbui, de zware vlokken bleven tegen de ruiten plakken.

Dat kan wel wezen, herhaalde hij. Maar van één ding heb ik spijt. Van één ding zal ik tot in mijn laatste uur spijt hebben.

Misschien, peinsde hij verder, misschien was het woord spijt te zwak, ook wroeging was niet sterk genoeg, het enige woord dat juist was, ook al was het eigenlijk te log en tegelijk te groots voor zijn eenvoudige mond, dat was verplettering. En de spijt, om niet te zeggen de verplettering, was zo groot, dat hij dikwijls, ja onafgebroken, op jacht was geweest naar de een of andere vorm van boetedoening of tenminste het een of andere ogenblik van vergetelheid.

Hier in deze uithoek is het niet mogelijk iets te doen dat in aanmerking komt voor spijt, zei ze.

Hoe zou jij zoiets kunnen weten? zei hij.

Waar heb je spijt van?

Dat ik hem de greppel liet graven, zei hij. Dat ik hem niet beneden bij de baai de snoeken liet vangen. Dat ik hem dwong de grote greppel te graven.

Wie? zei ze. Wie dwong je?

Lars. Was ze hem soms vergeten, de zoon, de zoon van hem en Minna?

Je wilde niet over hem praten, zei ze.

Eigenlijk zou ik nooit over iemand anders willen praten, zei Olof. Met uitzondering van hem is er niemand die het waard is genoemd te worden.

Welke greppel? vroeg ze. Waar dwong je hem te graven?

Tussen Hadars huis en het mijne, zei hij. De diepe greppel waar niemand overheen zou kunnen springen.

Er is daar geen greppel. Ik loop er elke dag, ik zie geen greppel.

Maar hij wilde niet verder praten over de greppel, hij sloot zijn ogen en vouwde zijn handen onder zijn kin.

Ik wil slapen, zei hij. Waarom wordt een mens ook nooit met rust gelaten. Het is een zegen dat je voor me zorgt, maar je moet me tegelijkertijd met rust laten.

Kijk, zo zit het, zei hij: Als je lang leeft dan zit je ten

slotte zo vol met levenskennis en zielsvermogens en herinneringen, dat iemand maar even aan je hoeft te peuteren
om alles, ja, werkelijk alles eruit te laten sissen of sijpelen.
Een mens moet met rust gelaten worden.

Het werd steeds moeilijker Hadar te scheren, de stoppeltjes van zijn baard leken elke dag harder en grover, alsof
ze aan het verbenen waren, alsof ze regelrecht uit het bot
van zijn schedel groeiden. Ze moest het mes keer op keer
aanzetten.

Zo kunnen we niet doorgaan, zei ze. Ik moet hier op de
een of andere manier een einde aan zien te krijgen.

Je kunt Olof doodslaan, zei Hadar.

Het wordt zomer, zei ze. Lente en daarna zomer. En in
de zomer sterft niemand.

Dus de zomer is onderweg? zei Hadar.

Ik weet het niet, zei ze. Maar Olof beweert het. Hoe
zou ik de zomer hier in het Noorden moeten herkennen?

Je zult hem herkennen als je hem ziet. De bloeiende
lijsterbessen en de berglemmingen en de geur van gagel
en de berken en de paardebloemen. Als je de zomer niet
herkent dan kun je net zo goed een kwabaal zijn of een
veldmuis of een regenworm.

Nu sneed ze hem met het scheermes, maar er kwam
geen bloed en ook geen water, de witte onderhuid en het
beenvlies werden blootgelegd, dat was alles.

Terwijl ze het mes opnieuw aanzette bleef ze tegen
hem praten, over zijn toestand en over de omstandigheden die fundamenteel moesten veranderen.

Het was noodzakelijk dat hij eindelijk zijn krachten
bundelde en doodging, die vrijheid moest hij zichzelf gunnen, hij was ondanks alles een vrij mens.

Dat vastklampen aan het leven was slavernij, hij maakte zich tot slaaf van Olof, hij liet Olof over zich heersen tot aan zijn laatste ademtocht. Aangezien de mens een verstand heeft is hij vrij, de vrije wil is de oorzaak van onze handelingen, zo niet de eerste dan tenminste de tweede of derde oorzaak.

Zichzelf toe te staan te sterven is een handeling. Hij moest handelen in overeenstemming met zijn verstand, anders had hij zijn vrijheid definitief opgegeven.

Als ik dood ben, zei Hadar, dan ben ik niet meer vrij. Als dode ben ik doof en blind en stom. Maar Olof, die ligt daar maar en is levend en heeft de vrijheid om aan al zijn grillen toe te geven, grote waagstukken en opwindende tochten en zeldzame uitvindingen.

Olof is net zo onvrij als jij, zei ze.

Maar dat geloofde hij niet, hij ontkende het ten stelligste, hij wilde er niets van horen, hij wilde alleen maar zeggen dat Olof het helemaal niet aan zijn hart had, zijn hart zat alleen een beetje ingesloten en onvrij en beklemd in al het vet.

Hij betreurde het dat ze Olofs gedachten en dwaasheden zo lichtvaardig tot zich nam, dat ze alleen al luisterde naar die woordenbrij van hem, het was treurig en ellendig dat ze zich genoodzaakt zag elke dag naar hem toe te gaan en hem te verzorgen, het liefst had hij gezien dat een onoverkomelijke hindernis haar de weg naar Olof versperd zou hebben, dat er geen pad geweest was tussen de beide huizen.

Als die wal nu maar opgetrokken was zoals de bedoeling was geweest, dan had ze zelfs nooit van Olofs bestaan hoeven weten.

Welke wal? zei ze.

Wat? Wilde ze nu beweren dat dit iets nieuws en onbekends voor haar was! Dat was toch niet mogelijk, ze konden toch niet zo lang hebben samengeleefd, hij en zij, zonder dat hij met haar over de wal gepraat zou hebben!

Hij bedoelde natuurlijk de hoge, ja, machtige aarden wal tussen zijn en Olofs huis, de wal waar niemand overheen zou kunnen springen of klauteren, de schans en versperring die de mensen aan de goede kant in zou sluiten, of aan de verkeerde kant als dat hun laatste wil was, de zoon en Minna en waarom de gitaar ook niet, het komen en gaan zou eindelijk zijn afgelopen, ze moesten besluiten bij wie ze wilden horen, bij hem of bij Olof. Een mens moet zijn keuze maken, dat moet hij, hij moet kiezen, en bovenop zou de wal gekroond worden met het prikkeldraad en de verbrijzelde flesjes van het lichte bier.

Om zo'n wal loop je gewoon heen, zei ze.

Niet als hij begint bij de afgrond naar Storgrova en eindigt in het meer.

Olof had het over een greppel, zei ze. Een greppel tussen jouw en zijn huis.

Af en toe bracht Hadar de houten pop naar zijn mond en zoog erop.

Een greppel, ja dat sprak vanzelf, als er een wal was dan was er ook een greppel, toen de zoon aan het graven was en de aarde en het gruis en de stenen omhoog wierp ontstond er een greppel, de greppel was een gevolg van de wal, een gevolg en een voorwaarde, ergens moet de massa vandaan gehaald worden, bouw je een wal dan graaf je ook een greppel, maar het doel was de wal te bouwen, niet de greppel te graven.

En het was jouw zoon die groef en bouwde, jouw en Minna's zoon, en misschien ook die van Olof?

Hij en ik, zei Hadar. Maar hij was het die groef en het houweel en de hefboom hanteerde.

Hij, de zoon, was in zijn zestiende jaar geweest, hij was thuis van de school die een veldwachter of een houtvester van hem zou maken, het was voorjaar en zomer en hij had alleen zijn werkbroek en zijn laarzen aangehad, het was een vreugde geweest hem te zien, hij had met zijn schep gegraven en gezwaaid tot het zweet om hem heen in de rondte spatte, hij had in vuur en vlam gestaan voor dit karwei, maar zonder te laten merken waar hij ten slotte zou blijven, welke kant van de wal hij zou kiezen.

Maar er had zonder enige twijfel een stilzwijgende afspraak tussen hen bestaan, tussen Hadar en de zoon.

En Hadar had bijna aldoor toegekeken, hij had hem goede raad en aanwijzingen gegeven, waar hij het houweel onder de stenen moest steken, hoe het gruis en de aarde opgehoopt moesten worden om niet in te storten, hij was als een veldheer geweest. Voorzover hij het zich kon herinneren waren die dagen de gelukkigste van zijn leven.

Toen onderbrak hij zichzelf, hij stopte bij de gelukkigste dagen van zijn leven.

Daarna zei hij: Je laat me toch niet in de steek.

In de steek laten, antwoordde ze, dat kan je alleen maar doen als je bij elkaar hoort.

Kan jij niet voor me op de citer spelen? zei hij.

Maar dat kon ze niet, op de citer spelen.

Hadar zegt dat er geen greppel gegraven moest worden, zei ze tegen Olof, maar een wal gebouwd.

Ergens moest de jongen de aarde leggen die hij uit de greppel schepte, zei Olof, en zo kwam er een soort wal. Graaf je een greppel dan komt er een wal.

En hij gelooft niet dat jij het aan je hart hebt.

En plotseling en onverwacht zei Olof: Ja, zo zal het wel zijn, hij zal vast wel gelijk hebben, die Hadar.

Hij voelde zich genoodzaakt zijn bekentenis te rechtvaardigen.

De ziekte was eigenlijk niets om over te praten, ze was een bron van ergernis, meer niet, maar alleen de gedachte aan de ziekte, de ziekte aan het hart, was een grote kwelling, de gedachte was een grotere kwelling dan de ziekte zelf, die aan het hart.

De zogenaamde ziekte was op zich niets bijzonders, ze was zelfs alledaags. En zijn hart was ook eigenlijk niet zwak, het was vermoedelijk juist veel te sterk, juist de enorme en tomeloze kracht was de zwakke kant ervan, het hamerde en bonkte daar vanbinnen zo hard tegen zijn ribben dat hij af en toe vreesde dat ze zouden breken. Ja, zijn drieste hart had het bij hem doodeenvoudig voor het zeggen gekregen, afgezien daarvan was hij gezonder dan hij ooit was geweest.

Anders, zei ze, zou iemand nu toch echt wel het vermoeden kunnen krijgen dat jij het niet lang meer zult maken.

Hoe haal je het in je hoofd!

Hij had al bijna een heel jaar stil gelegen en uitgerust, die rust moest toch een gunstige uitwerking hebben, tegen de ergste beproevingen was rust het enige dat hielp. Hij werd met de dag sterker, ten slotte zou het ogenblik komen waarop hij definitief was uitgerust, dan zou alles over zijn.

Waar was die gitaar nu? vroeg ze ook.

Welke gitaar?

Die waar de jongen altijd op speelde.

O ja. Die. Die was hij helemaal vergeten, het was ook eigenlijk een dwaze en overbodige daad van hem geweest zich die te herinneren, maar de gitaar was er inderdaad geweest en de jongen had er een enkele maal mee gespeeld, hij had naar de melodieën gezocht maar ze eigenlijk nooit gevonden.

Nu was hij gelukkig opgebrand, toen niemand meer aanleiding had erop te spelen was hij opgebrand, dat was hij vergeten, maar een gitaar waar toch niemand op speelt, zo'n schamele en nietszeggende derderangs gitaar kan net zo goed opgebrand worden.

Je zweet niet meer, zei ze tegen Hadar. Langgeleden zei je dat je je gezond zou zweten.

Langgeleden? zei hij. Dat is niet mogelijk. Je bent net gekomen. Ik heb je hier pas nog heen gehaald.

Het is veel te lang geleden, zei ze. Toen ik kwam leefde je kat nog.

Hij probeerde zijn hoofd naar de deur te draaien om te zien of zijn kat werkelijk weg was.

Maar hij? vroeg hij. Was hij er nog? De zoon?

Nee, zei ze. Hem heb ik nooit gezien.

Nee natuurlijk, dat wist hij immers, hij geneerde zich, hij schaamde zich over zijn verstrooidheid, waarschijnlijk had de ziekte nu ook zijn geheugen aangetast, de ziekte in combinatie met de winterkou, zijn geheugen was 's zomers altijd beter geweest dan 's winters als alles bevroor.

En hij wreef met beide handen over zijn voorhoofd en schedel om de bevroren herinneringen en de gedachten in zijn arctische hoofd te laten ontdooien.

Nee, de zoon kon ze natuurlijk nooit gezien hebben, sinds jaar en dag al kon geen mens de zoon hebben gezien, niet sinds dat voorjaar toen de wal gebouwd zou worden, dat wist hij immers. Als Olof er niet geweest was, en het apparaat dat hij bouwde! Het hijsapparaat dat hij in elkaar timmerde van vier boomstammen en dat voorzien was van een pal en een lier en een ketting! De houten stelling met behulp waarvan hij de steenblokken en de wortelstokken ophees!

Wie? vroeg ze. Wie bouwde het apparaat?

De zoon natuurlijk!

Niemand anders dan de zoon had in dit deel van het land zoiets tot stand kunnen brengen, zo'n heerlijke uitvinding kunnen doen, niemand anders dan de zoon met de gespierde armen en de onvertroebelde gedachten!

En precies op dat ogenblik herinnerde hij zich de moedervlek: op zijn rechterschouder had hij een moedervlek gehad die eruitzag als een vlinder, als hij zijn spieren spande vloog de vlinder.

En de ketting kwam bij het houtvlotten vandaan, zei hij.

Daarna zweeg hij.

En? zei ze. En?

Maar meer herinnerde hij zich op dit ogenblik niet, hij was omhooggedreven naar het oppervlak van al zijn verbruikte tijd en herinnerde zich niets meer.

Zo was hij geworden. Het gebeurde dat hij het zelf zei: Zo ben ik geworden.

Soms wees hij naar iets met vingers die hij niet meer kon strekken en zei: Wat is dat?

Dat is het bijzondere apparaat dat jij aan de muur hebt vastgemaakt, antwoordde ze.

Naast het raam in Olofs keuken was een krantenfoto met een speld vastgeprikt, hij was bruin van ouderdom, het was onmogelijk te zien wat hij voorstelde.

Toen ze er op een dag bij bleef staan zei Olof: Je mag hem niet weghalen!

Wie? zei ze.

De foto uit de krant, zei Olof. Hij moet daar blijven zitten.

Ik ben niet van plan hem weg te halen, zei ze. En je ziet niet meer wat erop staat.

Er bestaat geen mooiere foto, zei hij. Minna heeft hem uitgeknipt en vastgeprikt. Uit onze krant, *Norra Västerbotten.*

Wat is erop te zien geweest? vroeg ze.

Hij stelt de zomer van negenenvijftig voor, zei hij, het voorjaar van negenenvijftig.

Zo was het. Hij kon ieder onderdeel op de foto voor

zich zien: de helling naar Arnbergssundet, de beide grote berken, de veerpont op het water die onderweg was naar Risliden, de wilgenstruiken aan de oever, negentien mei negenenvijftig, de man die eraan kwam droeg een fuik op zijn schouder. Minna had gedacht dat het Lambert Ekman was, en de lucht was zacht en zoet van het sap en de grassen.

De zomer van negenenvijftig.

Het was de laatste werkelijke zomer geweest, de zomers daarna hadden alleen maar schijn en bedrog gebracht en leugens en luchtspiegelingen.

Ja, die lente herinner je je toch nog wel?

Maar zij herinnerde zich geen speciale lente, in haar geheugen waren ze allemaal hetzelfde.

Het was in die lente en die zomer dat de greppel gegraven zou worden, de grote greppel, en het ging zoals het ging, en nu lag hij hier en hij had het op zich wel goed, maar niets was daarna geworden zoals vroeger, negenenvijftig, hij was machteloos en verlaten, niet halfdood maar halflevend, zij was nu de enige die hij had en zij, die durfde te beweren dat ze zijn verzorgster was, zij wilde niet eens van het sap proeven dat hij uit de blaasjes op zijn borst won.

Toen bezweek ze ten slotte, hij mocht het lepeltje in haar handpalm legen en ze likte de paar druppeltjes op.

Het herinnert me ergens aan, zei ze. Maar ik weet niet aan wat.

Zo verging het hem ook, verkondigde hij. Om de een of andere reden die voor hemzelf onbegrijpelijk was, deed die smaak hem altijd denken aan de jongen van Minna en hem, het was onverklaarbaar en eigenaardig aangezien hij de jongen immers nooit op wat voor manier ook had geproefd, zulke dingen kwamen niet voor op deze breedtegraden.

Misschien hing het echter samen met de smaak die hij

die keer in zijn mond had gekregen toen hij zijn uiterste best deed de jongen te redden, toen hij vocht als een wild dier om hem te behouden, die keer in de zomer van negenenvijftig toen hij zijn mond vol bloed kreeg en daarna minstens drie dagen lang zoet slijm en bloedwater opgaf.

Daarmee besloot hij het gesprek.

Alle delen hangen samen, zei hij. De foto aan de muur en de smaak op mijn tong en de zomer van negenenvijftig en de jongen. Alle delen hangen samen.

Dat je het toch nog proefde! zei hij ook. Dat had ik nooit gedacht.

De voorraden die ze elk voor zich in de schuren en de provisiekamers en op de zolders hadden aangelegd leken onuitputtelijk, etenswaar, zoetigheid, dranken, pijnstillende middelen. Je verbruikt bijna niets, zei ze tegen Hadar. En met Olof is het al net zo.

Ik kan nog een tijd te leven hebben, zei hij. En Olof bijna even lang.

Jullie nemen de tijd niet serieus, zei ze. Jullie laten hem maar lopen, en zelfs dat niet. Jullie volgen de tijd niet, jullie onderwerpen je er niet aan.

Hij kauwde op een van de sterke witte tabletten, het slikken ging hem steeds moeilijker af.

Wat werkelijk gebeurt, zei hij, dat gebeurt altijd snel. Als er iets gebeurt, dan maakt het niet uit of je loopt of zit of ligt, dan ben je machteloos. Zo was het met de jongen en zo was het met Minna. Zo is het.

Ik weet niets, zei ze. Over de jongen en Minna.

Nee. Nee, zij wist nooit iets. Ze was altijd onwetend. Dat wilde ze hem tenminste wijsmaken, dat ze nergens bekend mee was.

Maar zo was het dus allemaal gegaan, dat moest hij haar

toch laten weten: De jongen had de stelling opgericht bij de wal die gebouwd moest worden, hij had de ketting rondom een steenblok gelegd dat de vorm had van een paardenkop, een reusachtige paardenkop, en hij had het steenblok de lucht in gehesen, het hing aan de ketting.

Maar toen gebeurde er iets, op dat ogenblik gebeurde het.

En niemand behalve Minna zag het gebeuren, ze had een keukenstoel naar buiten gehaald en zat in de schaduw onder de lijsterbes, ze had de bril op die haar beschermde tegen het licht, ze bladerde in *Norra Västerbotten* en hield tegelijk de jongen in het oog, het leek wel of ze altijd op alles was voorbereid, zo iemand was ze.

Er gebeurde iets met de steen, of er gebeurde iets met de ketting of met de lier.

Het was in de zomer van negenenvijftig.

En de ketting zwaaide wild heen en weer en veranderde in een lus, en de lus greep de jongen onder zijn ene arm en rond zijn hals zodat hij de lucht in gehesen werd en daar bleef hangen en het steenblok viel terug op de aarde.

Ik ben verbaasd, zei Hadar, dat ik de krachten heb om je dit te vertellen.

En, voegde hij eraan toe, dit was bepaald niet iets dat je zomaar over je lippen kreeg.

Hij had de tablet doorgeslikt.

Je hoeft niet, zei ze. Je mag uitrusten.

Maar hij wilde nu afmaken waaraan hij begonnen was, ze zou eindelijk te horen krijgen hoe Olof werkelijk was. En de tijd, ging hij verder, daar kan je je nog wel enigszins tegen verzetten, maar tegen gebeurtenissen heb je niets in te brengen.

Toen die gebeurtenis plaatsvond, toen de jongen de lucht in werd gegooid en door de ketting werd opgehangen, toen was Minna de enige die het zag.

En ze gooide *Norra Västerbotten* neer en ze schreeuwde zoals niemand hier op deze heuvel daarvoor of daarna geschreeuwd heeft, Olof die vermoedelijk op de keukenbank op suikerklontjes lag te zuigen hoorde het, en hijzelf, Hadar, die de steenslag op de auto aan het bijverven was, hoorde het, en ze gooiden alles neer en stormden naar de wal die in aanbouw was, ze zagen onmiddellijk in dat er een afschuwelijke gebeurtenis had plaatsgevonden, dat het onomstotelijk vaststond dat de jongen iets was overkomen.

En ze kwamen tegelijk bij de stelling aan en bij de wal en bij de jongen, en Olof riep aldoor maar: Hij is van mij, je raakt hem niet aan! Hij is van mij! Je raakt hem niet aan!

En dat was precies wat hij, Hadar, van plan was geweest te roepen.

Want hij kon zich niets tegennatuurlijkers en hartverscheurenders voorstellen dan dat Olof degene zou zijn die de jongen van de ketting losmaakte.

Maar Olof was zo verwaand en in zichzelf verzonken dat hij hem, Hadar, niet toe wilde staan om in te grijpen en de eenvoudige handelingen te verrichten die noodzakelijk waren!

In werkelijkheid was het immers zo dat als iemand het recht had de jongen te bevrijden, hem los te maken en in zijn armen te nemen, dan was hij het, Hadar!

Maar diep in zijn binnenste wilde Olof hem simpelweg dood en begraven zien, zodat hij zeker wist waar hij hem kon vinden, zodat hij niet meer naar zijn ware vader zou gaan om op de gitaar te spelen.

Daarom moest hij Olof wel beteugelen en bedwingen voordat hij in de gebeurtenis zelf kon ingrijpen en zijn zoon kon bevrijden.

Maar leefde hij? vroeg ze.

Ja, zei Hadar, hij leefde en schopte en trapte. En Minna schreeuwde.

Ze waren dus boven op de wal op elkaar afgestormd, Olof en hij, Hadar, en elkaar onmiddellijk te lijf gegaan en ze hadden geprobeerd elkaar met duwen en schoppen omver te krijgen, ze hadden elkaar gestoten als twee stierkalveren en elkaar gekrabd met de een of andere hand die toevallig vrij was, en ze hadden elkaar toegeroepen hoeveel ze van de jongen hielden.

En ten slotte hadden ze elkaar op de grond gekregen en ze hadden gerold en zich om en om gewenteld en het ene ogenblik had Olof de overhand gehad en het andere ogenblik Hadar.

Wat zijn lichaam betrof was hij toen al een slachtrijp zwijn, zei Hadar, en hij zou nooit vergeten hoe weerzinwekkend de lucht van de vanillepralines was die uit zijn mond kwam.

Maar ten slotte was Hadar er toch in geslaagd Olof stil onder zich te krijgen, hij had zijn gezicht in de aarde gedrukt en zijn armen tot bovenop zijn rug gedraaid, het enige dat Olof deed was nog wat trillen en beven. Zo was er dan definitief beslist wie van hen het alleenrecht had het leven van de jongen te redden.

Op dat ogenblik had hij, Hadar, gehoord dat Minna niet meer schreeuwde. En toen hij overeind ging zitten en naar de jongen keek, toen had hij gezien dat ook die stil was geworden, dat hij niet meer trappelde en schopte, en hij en Minna hadden hem samen omlaag getild en Minna had een laken gehaald en ze hadden hem in het gras gelegd.

En dit alles, maakte hij haar duidelijk, strekte zich niet uit in de tijd, het was niet iets dat duurde, het had geen begin en vervolg en besluit, het gebeurde alleen, het was een afschuwelijke gebeurtenis en de oorzaak lag bij Olof, en er kwam vooral nooit een einde aan.

Nu heb ik nog een tablet nodig, zei Hadar. Nee, niet een, maar twee tabletten.

Toen ze terugkwam met de tabletten en een paar lepels water in een koffiekopje was hij al in slaap gevallen.

Haar werkdagen werden langer en zwaarder. Maar ze schreef nog wel, en tegen Olof zei ze: Mijn schrijfpapier is bijna op, als het boek af is dan vertrek ik.

Maar je moet hem toch dood laten gaan? zei Olof.

Wie?

Die Christoffel over wie je schrijft.

Ik weet het niet, zei ze. Zijn dood is niet bepaald belangrijk.

Een boek is toch niet af voordat de mensen dood zijn? zei Olof.

Eerst gaat Hadar dood, zei ze. Hij gaat dood voordat ik klaar ben met Christoffel.

Hadar is niet de eerste, zei Olof. Eerst kwam de jongen. En daarna kwam Minna.

Ik weet het, zei ze. Hij heeft me alles verteld. Hadar.

Alles? zei Olof. Alles?

Ja, ze ging ervan uit dat hij alles had verteld. Ze kon geen reden bedenken waarom ze Hadar dieper zou wantrouwen dan andere mensen.

Maar toen was Olof genoodzaakt haar tot de orde te roepen.

Dit was toch onzinnig, dat Hadar alles verteld zou hebben! Hij die in dit verband eenvoudigweg een moordenaar was! Zou hij hebben verteld hoe hij de jongen van het leven had beroofd? Hoe hij hem, Olof, op de grond had gegooid zodat hij niet in staat was het leven van de jongen te redden, de jongen was aan een ketting blijven hangen, hoe hij bovenop hem was gaan zitten en hem had vastgehouden, en dat ondanks het feit dat hij, Hadar, eigenlijk zwakker en lichter was, maar de kwaadwilligheid en de slechtheid hadden hem krachten gegeven die niet van deze wereld waren. Hij, Hadar, had met zoveel geweld toegeslagen dat hij ervan schokte, en zijn zweet was langs zijn, Olofs, hals en nek omlaag gestroomd en zijn mond in, en Hadar had dat alleen maar gedaan omdat hij had ingezien dat hij het was, Olof, en niemand anders, die de jongen werkelijk liefhad. Ja, zijn alleenrecht op de jongen was immers zo van-zelfsprekend en onschendbaar dat hij Hadar nooit had kunnen toestaan hem ook maar met een vinger aan te raken, zelfs niet bij deze gelegenheid, toen hij opgehangen aan de ketting met armen en benen voor zijn leven vocht!

Toen ze de jongen daarna omlaag getild hadden, ter-wijl Minna hem in een laken wikkelde, was hij genood-zaakt geweest zich te verwijderen om te braken, hij had in de pas gegraven greppel gebraakt, het was Hadars zweet dat hij in zijn mond had gekregen en dat hij uit moest spugen, of eigenlijk het zoute, die onverdraaglijke zoute smaak.

Had Hadar, dat wilde hij haar werkelijk vragen, had Hadar haar dit alles verteld?

Niet helemaal zo, zei ze, niet helemaal.

Maar in het begin, voordat Hadar hem doordrenkt had met zijn zweet, zolang hij nog kon vechten om de jongen te kunnen bevrijden, had hij een heerlijke smaak in zijn mond gehad, een smaak die uit hemzelf kwam en die niets anders dan de jongen voorstelde, het was een smaak die hij daarna nooit meer had kunnen vergeten.

En Minna? vroeg ze.

Vraag Hadar maar naar haar, zei Olof. Hadar die alles weet. Hadar die alleen de waarheid vertelt.

Bij de stenen fundering van Hadars huis begonnen groene grassprietjes tevoorschijn te komen. Ze plukte er een paar en legde ze in haar handpalm en bracht ze bij hem naar binnen.

Waar heb ik dat gras voor nodig? zei Hadar.

Het is het eerste van het jaar, zei ze. Het ruikt naar groen.

Maar hij trok zich niets aan van het gras. Het gras was toch altijd hetzelfde, het kwam en ging, het gras uit zijn jeugd was niet anders dan het gras nu aan het einde, het ene gras kon niet van het andere onderscheiden worden, het tamme gras aan de stenen voet van zijn huis was precies hetzelfde als het wilde gras in het bos, het gras kon voor het een of andere doel gebruikt worden, maar het had geen eigenschappen die het konden verheffen en werkelijke betekenis geven. Hij had het gras gemaaid en geharkt en op ruiters gezet, hij had het in zijn schoenen gekregen en in zijn hemd, hij had er zijn behoefte in gedaan, hij had er een bolletje van gekneed en zich daarmee schoongeveegd. Hij had genoeg van het gras, hij had het gras vaarwel gezegd, hij wilde het nooit meer zien.

Dat je niet eens meer in het gras gelooft, zei ze.

Maar ook daar had hij bezwaren tegen. Dat ze dat woord gebruikte. Geloven. Zij moest niet steeds maar van alles en nog wat geloven, of het nu om gras ging of om hem of zelfs om Olof of het leven in zijn geheel. Hij had zijn hele leven vermeden om wat dan ook te geloven, geloven was simpelweg hetzelfde als gissen en raden en veronderstellen en vermoeden en in het ergste geval fantaseren en onwaarheden verkopen. Olof, die was zo'n gelovige. Olof geloofde in God, daarom kon hij niet bestaan. Olof dacht dat hij eeuwig zou blijven leven, daarom zou hij vervluchtigen en vervliegen als een waterdruppel op het vuur.

Of je weet iets, zei hij. Of niet.

Olof zegt dat ik jou naar Minna moet vragen, zei ze. Hoe het verder met haar ging.

Toen duurde het even voordat hij zijn gedachten had gebundeld.

Ik geloof dat ze gewoon verdween, zei hij. Ik geloof dat ze ervandoor ging. Ik geloof dat haar iets is overkomen. Ik geloof dat ze naar een ander ging. Soms heb ik weleens geloofd dat ze gebleven is en zich ergens schuilhoudt.

Maar Olof weet het? zei ze.

Ja. Hij weet het. Olof.

Daarna kwam hij ten slotte toch nog terug op het gras, of liever gezegd op familie van het gras, de bladeren.

Maar met de bladeren, zei hij, met de bladeren zit het heel anders.

Olof droogde op. Hoe hij ook met de theelepel over zijn borstkas schraapte, er kwam geen druppel meer tevoorschijn, de blaasjes zakten in elkaar en verdwenen, er bleven alleen geelrode korstjes over.

Net bloemknopjes, zei Olof.

Maar het baarde hem zorgen dat hij geen beschikking meer had over deze onvoorziene aanvulling op zijn kost, er bestond vermoedelijk geen beter voedsel, maar tegelijk moest je het verdwijnen van de blaasjes zien als een teken van herwonnen gezondheid, misschien was het juist het sap wel dat hem bijna genezen had.

Waarschijnlijk waren de blaasjes een list geweest die het lichaam had verzonnen om te overleven, hij wilde best geloven dat zijn lichaam even listig was als hijzelf. De listigheid was de basis van elke vorm van overleving. Listig met je lichaam samenwerken, dat was een eerste en een laatste vereiste.

Hij had ook af en toe liggen broeden op een laatste beslissende list, die alles zou overtreffen wat Hadar mogelijkerwijs zou uitdenken: de schijndood.

Hadar zou nooit in staat zijn een onberispelijke schijndood te volvoeren, hij was te ongeduldig, hij miste het vermogen de wereld buiten te sluiten en in zichzelf te verzinken.

Het ging er alleen om je ogen dicht te doen en je adem in te houden. Hij had af en toe al korte ogenblikjes liggen oefenen. Hij wist dat hij ertoe in staat was.

De schijndood was als de ingehouden schaterlach of de stiekeme spijsvertering. Met de schijndood zou hij Hadar kunnen verschalken.

Maar de schijndode moet een helper en bondgenoot hebben, anders kan hij per ongeluk begraven worden, en dan is de schijndood zelf tevergeefs, in zijn eentje kan de schijndode niets beginnen. Ja, Hadar zou hem zelfs laten begraven als hij overeind kwam uit zijn kist en de hele wereld het bedrog liet aanschouwen.

Als hij nu maar iemand had gehad, als hij Minna had gehad, dan zou hij Hadar met behulp van de schijndood bij de neus genomen hebben!

Hadar gelooft dat jij Minna hier in huis verstopt hebt, zei ze.

Toen lag hij een hele tijd stil, hij zei niets meer over de schijndood, er kwam alleen wat gehakkel uit zijn keel. Daarna zei hij: Dan zal dat het wel zijn wat Hadar al die jaren heeft geloofd!

Ik weet het niet, zei ze. Maar nu gelooft hij het.

Ik heb allang willen weten, zei hij, wat Hadar voor gedachten over Minna gehad kan hebben. Wat zal hij gepiekerd hebben! Wat zal hij bezorgd zijn geweest!

Er sijpelde spuug uit zijn mondhoeken terwijl hij praatte, de sloop werd er gevlekt en gevlamd van, hij was alweer aan een nieuwe wasbeurt toe.

Hadar maakt zich ongerust, zei ze. Hij maakt zich ongerust over iedereen en alles.

Maar je mag geen woord tegen hem zeggen, zei Olof. Geen woord tegen Hadar!

Wat mag ik niet zeggen?

Over Minna, zei hij. Wat ik je nu ga vertellen.

Ik weet niet wat je over Minna gaat vertellen, zei ze. En Hadar hoort me niet meer. Hij praat in zichzelf, dat is alles.

Niemand weet het, behalve ik, zei Olof. Niemand mag het weten. Als je het tegen Hadar zegt, over de zomer van negenenvijftig, over Minna, dan heb ik de overhand niet meer.

Niemand van jullie heeft de overhand. Jij niet en Hadar niet.

Dan mag je nooit meer naar me toe komen, zei hij. Dan trek ik mijn handen van je af.

Als iemand mij iets vertelt, zei ze, dan vergeet ik het meteen weer.

Je herinnert je Minna nog wel, zei hij. Je herinnert je hoe ze eruitzag. Je herinnert je hoe dun en mager ze was. Je herinnert je dat ze haar haren in de regenton waste en dat die eruitzagen als het gebleekte vlas.

Ik herinner me Minna niet. Ik heb haar nooit gezien.

Maar je herinnert je nog wel, zei Olof, hoe wit haar huid was en dat ze haar ogen dichtkneep tegen het licht, en je herinnert je haar stem en haar lippen die werkelijk rood waren, en je herinnert je de eierkoeken die ze bakte en de watergruwel die ze kookte.

Ja, zei ze. Dat herinner ik me.

Maar de laatste keer dat je Minna zag, toen wist je niks.

Nee, niks.

Ze was immers zoals ze was.

Ja. Ze was zoals ze was.

Toen ze weer thuiskwamen nadat ze de jongen hadden begraven, en dit was het wat ze nooit aan Hadar mocht vertellen, toen hij en Minna dus thuiskwamen, toen hij zijn broek en zijn jas en zijn overhemd had uitgedaan en andere kleren had aangetrokken, toen had Minna de rieten stoel naar buiten gedragen en was ze daar gaan zitten, onder het keukenraam, in de rieten stoel uit de tussenkamer. Ze was middenin het zonlicht gaan zitten. Ze had haar jurk voor de zon geopend en de bril die haar tegen het licht moest beschermen afgezet. Daar zat ze, en meer deed ze niet, ze zat.

Ze verplaatste de rieten stoel naarmate de zon zich voortbewoog. En ze sloot haar ogen niet eens. En de zomer van negenenvijftig, dat was de zon en niets anders dan de zon, dag en nacht niets dan de zon.

Je verdraagt de zon niet, Minna, had hij gezegd. Je krijgt er uitslag van. De zon is de dood voor jou. Dat weet je toch, jij bent gemaakt om in de schaduw te zijn en binnenshuis.

Maar ze had hem niet geantwoord. Het leek wel of ze hem niet hoorde, ze was alleen nog wat opzijgeschoven in de rieten stoel.

Een klein begrafenismaal zouden we toch moeten nuttigen, had hij gezegd. Alleen jij en ik, een paar koekjes en een stuk taart en de frambozenlimonade.

Maar het had niet geholpen, niets hielp.

En hij was op zijn tenen gaan staan en had zich groot gemaakt en haar plechtig bezworen met hem mee naar binnen te gaan, hij had voor haar op de grond gekropen in het gras dat bijna uitgedroogd was in de zonnehitte. En de hele tijd had hij dat zoete slijm gespuugd en het bloedwater.

Maar het was alsof ze hem niet zag.

Minna, mijn kleintje, had hij zelfs nog gezegd, je mag niet alleen aan jezelf denken. Ik kom om van de honger, iemand moet het eten koken.

Die eerste avond al, toen hij zijn hand op haar legde, had ze zo gloeiend aangevoeld alsof ze koorts had, en haar huid was gevlekt geweest alsof die bezig was weg te smelten. Ze had ook geweigerd naar binnen te komen en te gaan slapen, toen hij zich uitkleedde en in bed ging liggen zat zij aan de noordkant van het huis, en de zon scheen nog steeds op haar.

Zo waren er nog twee dagen verlopen, zij had de zon gevolgd en hij had in de grootste wanhoop en half uitgehongerd min of meer onafgebroken aan haar zijde gestaan, af en toe was hij zelfs voor haar gaan staan om haar schaduw te schenken. Een keer had hij haar vastgepakt om haar op te tillen en naar binnen te dragen. We hebben elkaar toch Minna, had hij gezegd, als jij me in de steek laat, dan ga ik ten onder!

Daar onderbrak ze hem en zei: Maar je bent toch niet ten onder gegaan.

Nee, zei hij. Ik ben me steeds beter gaan redden. En binnenkort ben ik weer op de been na deze kleine ziekte. Het is een onbegrijpelijke genade Gods.

Toen hij probeerde haar vast te pakken en op te tillen en naar binnen te dragen, toen had ze haar handen uitgestrekt en haar nagels in zijn wangen gezet en hem gekrabd zodat hij gedwongen werd los te laten en naar de emmer met water te lopen om het bloed weg te spoelen.

En hij had de waternap mee naar buiten genomen en het water over haar heen gegoten om haar wat verkoeling te brengen. Haar ogen zwollen dicht, misschien was dat wel een verzachting voor haar, ze kon het zonlicht immers niet verdragen, en het haar op haar hoofd begon los te laten, zoals de haren van het wollegras vallen. En haar wangen en kin en hals werden rood en rond, er kwamen ook kleine kloofjes in haar huid.

En je zegt geen woord tegen Hadar!

Nee, geen woord.

Op de ochtend van de vierde dag was ze dood toen hij bij haar kwam. Ze had zich door de zon laten nemen. Ze zat in de rieten stoel en was dood. Ze was mooi maar op een andere en vollere manier dan vroeger. Het was hem nooit duidelijk geworden wat er in haar gevaren kon zijn, wat ze zich eigenlijk had voorgesteld, door wat voor waanzin ze was getroffen, misschien had ze alleen maar willen zien of ze aan de zon kon wennen.

En Hadar? vroeg ze.

Hadar? Nee, niets van dit alles ging Hadar aan, die had alleen de volledige verantwoordelijkheid voor wat er gebeurd was, het was allemaal zijn schuld en daar kwam nog bij dat hij er niets mee te maken had.

Toen ze thuiskwamen nadat ze de jongen hadden begraven, hij en Minna, toen was de greppel dicht geschept, dat had Hadar gedaan, het was alsof de jongen nooit geleefd had. En hij had het tegen Minna gezegd: Het enige waar Hadar zijn zinnen op zet is uit te wissen en te vernietigen.

Daarna hadden ze gezien hoe Hadar vertrok met zijn auto, Minna zat toen al in de rieten stoel, ze zat aan de zuidkant, dus ze zag natuurlijk niets, maar ze moest het gebrul van de motor hebben gehoord en het slippen van de wielen in het grind. Hadar was met een enorme snelheid weggereden, het stof van de weg was helemaal tot aan hun huis gestoven, iets had hem weggedreven, misschien het geweten wel.

Daar had Minna dus gezeten. En daar had hij gestaan. Hij die Minna zo goed begreep, hij die haar vanbinnen en vanbuiten kende!

Kun je het begrijpen? zei hij. Kun je zoiets nu begrijpen?

Het wordt tijd dat ik ga, zei ze. Ik moet Hadar klaarmaken voor de nacht.

Daarna was Hadar verscheidene etmalen weggebleven, hij, Olof, was bijna gaan hopen dat hij nooit meer terug zou komen.

Toen Minna dood was kon hij haar dus het dorp in brengen zonder dat Hadar er iets van wist, hij bracht haar erheen en liet haar begraven zoals ze er nu aan toe was, het werd bijna een soort familiegraf, zij en de jongen.

Als je één woord tegen Hadar zegt, één enkel woordje over Minna, dan heb je mij voor de laatste maal gezien!

En ze verzekerde hem nog een keer: Ik zeg nooit iets.

Je vertrok, zei ze tegen Hadar. Toen de zoon die jij met Minna had dood was, in de zomer van negenenvijftig, toen vertrok jij, is het niet?

Ik ben nooit vertrokken, zei hij. Als je hiervandaan vertrekt dan ben je ontoerekenbaar.

Maar je startte je auto en reed weg?

Nee, daar kon hij zich niets van herinneren. Nee, hij was nooit weggegaan. Voorzover hij het zich kon herinneren. Weggaan had nooit in zijn aard gelegen.

Weggaan hiervandaan, dat was voor hem altijd hetzelfde geweest als de dood.

Hij die weggaat moet ten slotte ook terugkomen, en dat is waarschijnlijk het ergste, heel wat erger dan het was om weg te gaan, hij die terugkomt heeft niets anders bij zich dan misrekeningen en spijt en bitterheid en verplettering.

Olof zegt het, zei ze. En je bleef heel wat dagen weg.

Dus hij herinnert zich mij? Hij noemt mij bij de naam? Ja, zei ze. Hij herinnert zich jou. Hij herinnert zich jou onafgebroken.

Toen ik nog leefde, zei Hadar, herinnerde ik mijzelf vaak velerlei zaken.

En zijn geheugen was nog steeds onaangevreten, dat kon hij haar verzekeren, als hij wilde kon hij het nog tot leven wekken. Zoals nu in verband met dat haastige vertrek na de dood van de zoon. Toen Olof de zoon had laten sterven. Omdat ze het nu toch ter sprake had gebracht.

Als het op een of andere manier belangrijk voor haar was kon hij zich die dag nog heel goed herinneren en dat hij werkelijk in zekere zin vertrokken was, het was geen groots of noodlottig vertrek geweest, hij was gewoon in alle eenvoud vertrokken. Het was noodzakelijk voor hem geworden. Hij was getroffen door het inzicht dat hij daarna nooit meer de haring en het spek met iemand zou delen. Nooit zou iemand meer door zijn deur naar binnen komen en zeggen: Heb je nog wat van het spek, Hadar? Of: Er is vast nog wel een halve haring voor mij.

Niemand zou daarna tegenover hem aan tafel zitten en de graten uit de haring halen en de boter op het brood smeren en smakken. En de mens zit nu eenmaal zo in elkaar dat hij af en toe iemand nodig heeft om samen mee te kauwen. Het zoute spek en de haring. Daarom was hij in alle eenvoud vertrokken.

Maar het was werkelijk niets om te onthouden. Hij had zich vaag voorgesteld dat hij iemand zou vinden, dat hij op een mens zou stuiten, niet iemand in het bijzonder, maar iemand, zomaar iemand zou je kunnen zeggen.

Als ze het absoluut wilde weten dan kon hij zich ook de weggetjes nog wel herinneren waarlangs hij gereden was, de helling waar het koelwater was gaan koken, de plaatsen waar hij overnacht had, de dorpen waar hij doorheen was gereden zonder ertoe te kunnen komen op de rem te trappen, de worstring en de kaas die op waren geraakt, zodat hij eindelijk gedwongen werd weer naar huis te rijden. Hij was dus, en als ze het wilde weten kon hij zich ook dat herinneren, met lege handen teruggekeerd. Zo simpel was het.

Maar wat had het voor zin al deze ijdelheden in het geheugen terug te roepen? Als het absoluut noodzakelijk voor haar was kon hij het heus wel doen, maar hij zou haar dankbaar zijn als hij zijn geheugen met rust mocht laten, als hij, om het zo uit te drukken, het mocht vergeten, hij wilde als het even kon zijn geheugen niet onnodig verslijten.

Ik dwing je tot niets, zei ze.

Eventueel kon hij er nog aan toevoegen, maar daarvoor hoefde hij zijn geheugen niet te raadplegen, dat het bescheiden uitstapje van negenenvijftig, die keer toen hij in zekere zin vertrok, zijn voltooiing had gekregen toen hij onlangs het dorp inreed en haar hierheen haalde zodat ze in alle rust haar boek zou kunnen schrijven.

De eerste tijd, heel lang geleden, voordat de kanker hem zijn eetlust totaal had ontnomen, hadden ze ontegenzeggelijk tegenover elkaar gezeten en samen het een en ander gekauwd.

Nu had ze honderd vijftig dichtbeschreven pagina's, dat was bijna genoeg. Het was tenminste een begin. In de kantlijn stonden provisorische aantekeningen over de indeling in hoofdstukken en nieuwe alinea's. Daar stonden ook de onvermijdelijke vraagtekens, uitroeptekens en gedachtestreepjes. En er stonden haastig genoteerde

woordjes als: overbodig! onduidelijk! oppervlakkig! onno-
zel! Ik ben verre van tevreden, zei ze tegen Hadar. Ik
word nooit tevreden.

Je zegt zelf dat niemand je boeken leest, zei Hadar.
Dan heeft het ook geen betekenis.

Misschien dat toch iemand, zei ze.

Ik droomde vannacht van jouw Christoffel, zei hij. Ik
zag hem op zijn rug. Ik zag dat hij de helling op holde.
En ik zag hoe jij achter hem aan stormde, de haren op je
hoofd staken alle kanten uit. Ik zag hoe jij uitgleed en
struikelde en hoe hij van je wegholde.

Ja, zei ze, zo is het.

Je had gelijk, zei ze tegen Hadar. Over Minna. Ze vertrok, ze verliet Olof, ze stopte de paar dingen die ze had
in een tas en ging ervandoor.

Ja, zei Hadar, dat dacht ik al, dat heb ik altijd al gedacht. Ze had geen plezier van Olof. Hij zou haar het leven zuur hebben gemaakt.

En Olof wist niets, zei ze. Op een ochtend was het bed
leeg en was ze weg. Ze had geen woord tegen hem gezegd, jarenlang wist hij niet waar ze was en wat haar was
overkomen.

Ja, zei Hadar, zij was de verstandigste van ons. Zij had
geen keus. Wat kon ze anders doen?

Ze had hierheen kunnen komen, zei ze. Naar jou.

Waarom zou ze dat hebben gedaan? Bij mij was toch
geen toekomst.

Maar een paar jaar geleden, zei ze, toen kreeg hij te
horen hoe ze eraan toe was, waar ze heen was gegaan.

Dat niemand mij iets heeft gezegd, zei Hadar.

Ze is in een van de steden aan de kust, ze heeft het
goed, alles heeft zich voor haar ten goede gekeerd.

Dat heb ik aldoor al gedacht, zei Hadar. Met Minna komt het wel in orde, dacht ik.

Ze werd aangesteld als huishoudster, ging ze verder. Bij een houthandelaar. Hij heet Lundberg.

O ja, zei Hadar, over hem heb ik weleens iets gehoord.

En ze heeft twee zoons met hem. Die zijn nu volwassen. Een van de twee is advocaat en woont in Stockholm.

En al die dingen heeft Olof je verteld?

Ja. Olof heeft het gezegd.

Advocaat, zei Hadar. In Stockholm. Ja, de tijd vliegt zo snel dat we er nooit iets van kunnen begrijpen.

En de doktoren hebben Minna behandeld, zei ze, ze hebben een geneesmiddel uitgevonden dat haar alle kleur heeft geschonken die een mens zich kan wensen, haar haren en wenkbrauwen zijn kastanjebruin en 's zomers krijgt ze sproeten en dan is ze bruinverbrand door de zon. Ze ziet eruit als een gewone vrouw.

Als ieder ander? zei Hadar.

Ja, zei ze. Als ieder ander.

Dan, zei Hadar, dan had ik haar toch niet willen hebben.

De gladde huid van Olofs hals en kinnen begon rimpels te vertonen, misschien vermagerde hij. Het viel haar niet meer zo zwaar zijn bovenlichaam op te tillen en het zweet van zijn rug te vegen. Hij zei het zelf: Of ik ben bezig weg te kwijnen of ik ren binnenkort door de velden bij Starrmyr en graaf de hommelnesten op.

Die dag hadden dikke grijszwarte wolken zich boven de verst verwijderde bergkammen samengepakt, ze verduisterden de zon, het daglicht brak nooit helemaal door.

Nadat ze alles bij hem had neergezet wat hij voor de

nacht nodig kon hebben, ging ze even op de stoel bij de deur zitten.

En nu is Hadar dood, zei ze.

Toen spreidde hij zijn handen die gevouwen op zijn borst hadden gelegen en bracht ze naar zijn gezicht zodat ze zijn wangen en ogen bedekten maar niet zijn mond.

Wat zei je precies? zei hij.

Hadar is dood, zei ze. En ze herhaalde het: Nu is Hadar dood.

Toen hij het daarna nog eens vroeg gaf ze geen antwoord.

Hij zuchtte een paar maal diep, de lange en diepe uitademingen kwamen fluitend en piepend uit zijn borst en keel.

Had hij het moeilijk? vroeg hij.

Ja, zei ze, heel moeilijk. Ik heb nog nooit een mens zo zien lijden. Twee etmalen lang lag hij te kreunen en te klagen en wierp hij zich van de ene zij op de andere. Op het laatst kon ik hem niet meer herkennen.

Na een ogenblik begon Olof te praten over dat wat nu dus eindelijk gebeurd was, dat hij hier als overwinnaar stond of liever gezegd lag, dat God ten slotte toch had ingegrepen en alles had rechtgezet.

Niemand kon het betreuren dat Hadar dood was, dood zijn was het enige dat werkelijk bij hem hoorde, niemand zou hem missen. Nee, zelfs tijdens zijn leven was hij nooit ergens gemist, integendeel, waar hij zich toevallig had bevonden was hij altijd een overbodig mens geweest, en niet alleen een overbodig mens maar zelfs een zaaier van verderf.

Diep in zijn binnenste had hij, Olof, altijd geloofd dat het allemaal op deze manier zou aflopen.

Natuurlijk was hij af en toe gekweld door twijfel, maar het geloof had hem de kracht gegeven het uit te houden. Hierna kon niemand meer zeggen dat hij geen uithoudingsvermogen had gehad, dat hij niet de sterkste en de beste was. Wat nu was gebeurd kon alleen maar een zegen genoemd worden en niets anders. Een vergelding. Een vergelding en een zegen.

Voor hem, Olof, was het een bijna onbegrijpelijk succes, het was het grootste succes in zijn leven. Hij wenste alleen dat hij iemand had gehad met wie hij de bevrediging en de vreugde kon delen, zijn ouders of Minna of de jongen of wie dan ook.

Vannacht zou hij wakker liggen tot aan de morgenstond en genieten van de zoete smaak van de overwinning.

Toen ze opstond en wegliep praatte hij nog steeds, tegen zichzelf en tegen haar en tegen Hadar en tegen de hele wereld. De zwarte wolkenbank was dichterbij gekomen, hij lag over het meer, het was weer gaan sneeuwen.

Wat Hadar nodig had voor de nacht was niet meer dan een paar glazen water en de pijnstillende tabletten, ze zette alles voor hem klaar op de stoel aan het hoofdeinde.

En verder niets? zei ze.

Wat zou dat dan verder moeten zijn? zei hij.

Daarna zei ze: Toen ik vandaag bij Olof kwam vond ik hem dood.

Nu lieg je, zei Hadar. Nu lieg je tegen me.

Waarom zou ik liegen? Je zou het meteen merken als ik loog.

Ik geloof, zei Hadar, ik geloof dat hij allang dood is, maar dat jij het me niet hebt willen zeggen. Jij dacht dat ik het niet aan zou kunnen horen. Jij dacht dat als hij, Hadar, erachter komt dat Olof dood is, dan sterft hij zelf.

Hij was dood toen ik kwam, zei ze. Ik heb zijn ogen dichtgedrukt. En ik heb zijn mond gesloten.

Het kost mij geen moeite dit aan te horen, zei Hadar. Ik kan alles wel aanhoren. Maar als Olof nog in leven was geweest, dan had hij het niet aangekund te moeten horen dat ik dood was.

Dat was altijd het diepste verschil geweest tussen hem en Olof, hij was weerbaar geweest, Olof zwak en week en kieskeurig. Olof wilde altijd alles hebben waar hij zijn vingers naar uitstrekte, hij, Hadar, had geleerd wat het was om af te zien.

Eigenlijk was hij, Hadar, door hun moeder gewenst en gekoesterd, maar Olof was gekomen en had hem verdreven van de borst, zijn hele leven lang had Olof de zoete smaak van de moedermelk op zijn tong gehad. Hij was een zuiger en een smakker geweest, toen hun moeder dood was had hij haar nachthemd opengemaakt om voor een laatste maal de tepel in zijn mond te kunnen nemen. Dat was ook het enige wat hij bij Minna had kunnen doen, hij had hier en daar aan haar gezogen.

Hij, Hadar, had nooit iemand voor zichzelf begeerd, hij had alle beproevingen gedragen en zich op eigen kracht overeind gehouden, hij had nooit wellust of troost nagejaagd, hij had altijd alles met anderen gedeeld, zo was het. Ja, hij zou zelfs aan kunnen horen hoe Olof op zijn sterfbed was gekweld, in zijn eenzaamheid.

Ik was er niet, zei ze. Ik vond hem alleen maar.

Ja, zei Hadar. Maar toch.

Zijn tong was diepblauw en stak tussen zijn lippen uit, zei ze. En zijn wangen waren bloedrood en zijn huid was bedekt met een net van zwarte streepjes.

Ja, zei Hadar, dat kan ik best geloven. Ik kan hem voor me zien.

Als het waar was wat ze zei, en hij kon zich dat net zo goed voorstellen als iets anders, als Olof werkelijk dood was, dan veranderde zijn eigen leven nu natuurlijk radicaal. En omdat ze die steendode Olof zo uitvoerig en natuurgetrouw had beschreven moest hij haar toch echt wel geloven.

Indien Olof was overleden, als dat werkelijk zo was, dan was hij vandaag erfgenaam geworden.

En aangezien Olof hem niet meer alles af kon pakken, werd het tijd voor hem om in volle ernst te gaan leven, het er eens van te nemen, vooruit te kijken en maatregelen te treffen voor de komende dagen, zich op het een en ander voor te bereiden. Dit bestaan was de mens niet voor eeuwig geschonken, het leven was geen gesloten kamer of kist zonder uitgang, nee, het zat vol uitwegen en onvoorziene mogelijkheden, er waren geen grenzen of regels, er kon nu nog van alles gebeuren.

Weliswaar zou iemand, zoals zij nu, kunnen vinden dat hij te ver in zijn leven gekomen was om zulke gedachten inhoud te kunnen geven. Maar van alle aardse stoffen is de tijd de meest buigzame en rekbare. Je hebt altijd de tijd die je nodig hebt, elk ogenblik heb je precies de tijd die je nodig hebt.

Ik heb de tijd, zei hij. Die heb ik. De tijd.

Hij was lang van plan geweest Olofs huis af te breken en een sauna voor zichzelf te bouwen. Maar nu kon hij zich zelfs voorstellen het huis te laten staan. Hij zou verbeteringen aanbrengen, het dak repareren en een modern fornuis neerzetten en een gloeilamp laten ophangen boven het trappetje voor de voordeur, het huis was eigenlijk niet onbewoonbaar, hij kon zich voorzien van buren. De komende winter, als het donker was en hij het gezelschap miste, dan kon hij bij het raam gaan staan en het licht achter de ruiten bij de buren zien branden en de vonken uit de schoorsteen zien komen.

Ik moet nog een paar regels schrijven, zei ze.

Ja, zei hij, ga maar. Ik red me. Nu red ik me.

Toen ze 's morgens beneden kwam was de bank leeg, Hadar was er niet. De emmer stond op zijn plaats, de waterglazen waren leeggedronken maar de pijnstillende tabletten lagen onaangeroerd op de stoel, de houten pop lag in de vensterbank. Het zag eruit of hij plotseling alles had achtergelaten, of hij in grote haast was vertrokken of dat er onverwacht iemand was gekomen en hem had weggehaald.

Hadar? zei ze. Hadar?

Ze liep naar het raam en keek naar buiten, Olofs huis was maar vaag te onderscheiden en het bos en het meer waren geheel onzichtbaar in de vallende sneeuw.

Daarna draaide ze zich om en zag Hadar.

Daar was hij.

Hij liet haar eindelijk zien hoe het bijzondere apparaat aan de muur gebruikt kon worden. Voor welk doel.

Wie erin slaagde of de kracht had staande in het bijzondere apparaat te sterven zou aanzienlijke tijd, misschien wel voor eeuwig de overhand hebben over degene die zich slap en weerloos en in liggende staat liet doodgaan. Misschien niet in strikt lichamelijke betekenis, maar geestelijk, uit het oogpunt van de menselijke houding.

De uitgestrekte armen, het voorhoofd, de borstkas en de knieën rustten tegen de grove takken die met spijkers, schroeven en bouten aan de muur bevestigd waren. Toen ze hem aanraakte voelde ze dat hij al bijna koud was. Hij was dood, maar hij stond op zijn benen, belachelijk en eerbiedwaardig.

Zijn ogen waren al gesloten, zij hoefde het niet te doen. Ze knipte een reep stof uit zijn kussensloop en bond zijn kin op en vormde een knoop tot een volle strik die op zijn schedel de lucht in stak.

Nadat ze de krant had gehaald en het vuur in het fornuis had aangestoken ging ze op de bank zitten, bij de leuning waar hij zijn voeten altijd had laten rusten, en ze bekeek hem. Ze kauwde op een stuk hard brood dat ze uit de provisiekast gehaald had.

Daarna ging ze naar boven en voltooide aan het schrijftafeltje bij het raam de zin die ze de vorige avond maar voor de helft had opgeschreven.

Ze maakte hem los uit de houten constructie, het was niet bepaald eenvoudig, hij begon al stijf te worden. Toen nam ze hem in haar armen en droeg hem door de deur naar buiten, op het trappetje wierp ze hem over haar schouders, hij leek zo goed als gewichtloos.

Af en toe gleden haar voeten bijna uit in de losse sneeuw, ze liep wijdbeens en licht voorover gebogen om hem niet te verliezen, een paar maal dreigde ze te vallen.

En Hadar begon algauw zwaarder te worden, veel zwaarder, zijn voeten botsten tegen haar rechterknie, zijn hals en hoofd schuurden langs de holte van haar linker elleboog. Haar stappen werden korter, ze stampte, ze ademde ongelijkmatig en zwaar, zo nu en dan moest ze stoppen om uit te rusten. Goeie God, Hadar! zei ze. Goeie God!

Waar de sneeuw opeengehoopt lag moest ze baggeren en waden. Zijn heupbeen drukte tegen haar halswervels, de kramp in haar lange en dunne vingers dwong haar telkens van greep te veranderen, ze probeerde haar slapende linkerarm te strekken. De last die haar zo plotseling en onverwacht bijna te zwaar was geworden perste haar bekken samen, daardoor boog ze zich steeds verder voorover. Hadar, zei ze, ik red het niet.

Maar op het laatst haalde ze het toch nog, ze klom het trappetje op en stootte de buitendeur open en stapte de vestibule binnen.

Toen ze tegen de keukendeur trapte kreeg ze geen antwoord. Met behulp van Hadars schedel slaagde ze erin de deurknop omlaag te krijgen en de deur te openen zodat ze zijdelings naar binnen kon komen.

Olof, zei ze, nu kom ik met Hadar.

Maar hij gaf geen antwoord.

Nog steeds met Hadar op haar schouders liep ze naar de bank waar Olof lag, zijn handen gevouwen onder zijn kin, ze boog zich nog iets verder voorover en drukte haar oor tegen zijn borstkas, ze luisterde net boven zijn armholte en daarna ook wat verder omlaag, bij het borstbeen, maar het was daarbinnen helemaal stil. Hij was even dood als Hadar, niet meer en niet minder.

De neus was een eindje omhooggekomen en de wangen waren ingezakt, hij glimlachte. Een witte schuimachtige klont kleefde in zijn mondhoek, het kon iets zijn dat hij geprobeerd had op te eten, maar het kon net zo goed iets zijn dat van binnenuit was gekomen. Er sijpelde een soort vloeistof uit Hadar waardoor haar rug vochtig werd.

Ze richtte zich op en draaide zich om en liet Hadar op de bank vallen, ze kieperde hem bovenop Olof of naast hem.

Daarna bleef ze nog even staan, ze masseerde haar rug en probeerde over haar schouders en nek te wrijven, ze nam ook nog even de tijd om de beide broers te bekijken. Haar benen trilden.

Hadars gezicht was naar boven gekeerd, zijn wang rustte tegen die van Olof. Zijn uitgestrekte, lichtgebogen linkerarm lag op Olofs gevouwen handen, met zijn vingertoppen raakte hij het oor van Olof. Zijn lichaam zelf lag gebogen tegen Olofs opgezwollen buik, de uitgestrekte benen drukten tegen Olofs dijen en knieën. Olofs hoofd was een stukje verschoven op het kussen, daardoor kon Hadar gemakkelijker liggen.

Ondanks de stijfheid zagen ze er beiden natuurlijk ontspannen uit en tevreden in hun broederlijke omarming.

Tegen de avond of voor de nacht zou de sneeuwploeg komen. Dan zou ze precies zo vertrekken als ze zich had voorgenomen, ze zou naar de weg lopen en zwaaien om hem aan te houden, daarna zou ze in de cabine meerijden naar het dorp.

De zin van de vorige avond, die ze 's morgens had voltooid, was toch misschien niet helemaal zoals hij moest zijn. Ook al kon het leven van Christoffel groots en aangrijpend lijken, had ze geschreven, misschien zelfs schoon en edel, toch bevatte het een vleugje ongerijmde kunsteloosheid en zinloosheid, die zonderlinge maar zeker niet zeldzame ijdelheid, waarin de ziekelijk opgeschroefde en tot in het bezetene overdreven eisen aan juist artisticiteit en betekenis kunnen uitmonden; het gebrek aan persoonlijke betekenis en inhoud manifesteert zich het sterkst in een noodlottige afstomping van het levensgevoel, een eigengereide onverschilligheid tegenover het bestaan, het eenvoudige alledaagse leven in al zijn schitterende nuances, het veelduidige wordt beperkt en herleid tot de meest onbetwistbare en ten hemel schreiende eenduidigheid.

Ze moest de zin in tweeën splitsen. Een zin over de zinloosheid en een zin over de onverschilligheid zou beter zijn. Daarna kon ze verderkomen.